Das neue Osterbuch

urania

Uta Donath · Karin Roser

Das neue Osterbuch

Basteln, Backen, Dekorieren

Fotos von Christoph Düpper

Inhalt

So werden aus Eierschalen Schwimmkerzen: In die Schalen 1–2 Dochte stecken und mit Kerzensand füllen. In einer dekorativen Glasschale oder einem bunten Keramikgefäß schwimmen lassen.

Vorwort

Ostern, das wichtigste Fest der Christenheit, erfreut sich vor allem bei den Kleinsten großer Beliebtheit, gilt es doch an diesem Tag allerlei Naschwerk in Hasen- oder Eierform zu suchen und schließlich auch zu verzehren. Viele Erwachsene stehen dem nicht nach und freuen sich zudem des nahenden Frühlings, von dem Ostern manches Jahr kündet.

Gläubige Menschen versichern sich zu diesem Anlass, der Trauer und Freude vereint, der Ursprünge ihrer Religion. Am Karfreitag wird der Kreuzigung Jesu gedacht, am Ostersonntag seine Auferstehung gefeiert.

Ostern – das Wort

In „Ostern" steckt das seit dem frühen Mittelalter gebräuchliche „Osten". Der Überlieferung zufolge wandten die Frauen, die frühmorgens am leeren Grab Jesu eintrafen, den Blick nach Osten, da sie von dort seine Rückkehr erwarteten. Sprachwissenschaftler sehen aber auch eine Wurzel im nordgermanischen „ausa", also „Wasser schöpfen", „begießen". Das lässt an die Taufe denken, und tatsächlich fanden lange Zeit die meisten Taufen in der Osternacht statt, da dem „Osterwasser" besondere Kraft zugesprochen wurde. In romanischen Sprachgebieten scheint im Wort für Ostern die jüdische Tradition des

Pessach- oder Passahfestes durch. So wünscht man einander in Frankreich „joyeuses pâques", in Portugal „feliz páscoa". In der noch jungen Kirche feierte man Ostern am Tag des jüdischen Pessachfestes, also am so genannten Gründonnerstag. Dieser hat übrigens nichts mit der Farbe zu tun, die er im Namen führt, auch wenn an diesem Tag in manchem Haushalt traditionell nur grünes Gemüse gegessen wird. Das „Grün" im Donnerstag vor Ostern kommt vom althochdeutschen „greinen", was so viel bedeutet wie „weinen" – an diesem Tag hat Jesus das letzte Abendmahl mit seinen Jüngern begangen. Das „Kar" im darauf folgenden Freitag leitet sich von „char" her, dem althochdeutschen Wort für „Kummer" oder „Trauer" – an diesem Tag wurde Jesus gekreuzigt.

Ostern – das Fest

Neben Pfingsten das älteste Fest der Christen wurde Ostern in der Urkirche noch nicht mit einer jährlichen Feier gewürdigt. Erst im 2. Jahrhundert bekommt das Osterfest größere Bedeutung, so soll es schon im Jahr 115 in Rom gefeiert worden sein. Im Jahr 325 legt die Kirche im 1. Konzil von Nicaea fest, dass nach dem gregorianischen Kalender Ostern am ersten Sonntag, der auf den ersten Vollmond nach Frühlingsanfang folgt, gefeiert werden soll. Die

orthodoxen Christen, deren Zeitrechnung dem älteren, julianischen Kalender folgt, feiern Ostern in der Regel später. Die Osterzeit beginnt am Ostermorgen und endet 50 Tage später mit Pfingsten. Während die Woche vor Ostern im Zeichen der Trauer steht, findet in der Osternacht, also von Samstag auf Sonntag, die Wende von der Trauer zur Freude statt. Dafür stehen die Osterfeuer, die vielerorts entfacht werden, und ganz besonders die mächtigen, reich verzierten Osterkerzen, die, vom geweihten Feuer entzündet, bis Pfingsten brennen.

Ostern – die Eier

Gekochte Eier, ausgeblasene Eier, Schokoladeneier, Eier aus Holz, Plastik, Glas, Styropor – Ostern ohne Eier ist schlicht nicht vorstellbar. Doch warum kam gerade das Ei zu österlichen Ehren?

Eier waren ein Symbol für das Leben, die Fruchtbarkeit, die Reinheit, sie dienten als nahrhafte Speise, Opfergabe, aber auch als Naturalzins, der an den Grundherrn abgeführt wurde. Dass sie für Ostern so wichtig geworden sind, hat ganz praktische Gründe: Christen war nach den Fastenvorschriften in

Diese kleinen, zarten Eivasen eignen sich besonders für Einzelblüten. Die Schalen mit Acrylfarbe in Pastelltönen bemalen und nach dem Trocknen mit Wasser füllen. Im Sandbett haben sie einen guten Stand.

der Karwoche der Verzehr von Eiern untersagt. Die Hennen, unberührt von solchen Regelungen, legten weiterhin Eier, und am Ende der Fastenwoche, also zu Ostern, gab es dann besonders viele. Diese „besonderen" Eier, die man sich eine Woche lang vom Mund abgespart hatte, wurden möglicherweise bemalt, um sie gegenüber den „gewöhnlichen" hervorzuheben. Der Legende nach soll eine kluge Bäuerin im frühen Mittelalter solche Eier gefärbt haben, indem sie diese mit Pflanzen abkochte, die starke Säfte absondern: mit Zwiebelschalen für Rost-Orange, Spinat für Grün und Roter Beete für Rot. Der guten Frau fiel schließlich auf, dass die gekochten Eier wesentlich länger genießbar waren als ungekochte, womit sie als die Erfinderin des haltbaren Ostereies gelten kann.

Ostern – der Hase

Die Ostereier bringt, weiß jedes Kind, der Osterhase. Doch nicht immer und schon gar nicht überall galt er als Eierlieferant. Bis ins 19. Jahrhundert musste er mit Hahn, Kuckuck, Storch und Fuchs konkurrieren, die sich je nach Region als Osterboten etabliert hatten. Dass sich Meister Lampe schließlich durchsetzte, mag mit seiner enormen Fruchtbarkeit zusammenhängen sowie der Angewohnheit, sich im Frühjahr auf Futtersuche bis in die Dörfer und Gärten zu wa-

gen. Wer sonst also, wenn nicht der Hase, wäre in der Lage, derartig viele Eier zu legen und sie in den Gärten der Menschen zu verstecken?

Ostern – das Brauchtum

Die Kirche hat es im Lauf ihrer Geschichte immer wieder verstanden, vorchristliches Brauchtum in ihr Glaubensuniversum einzubinden, indem sie es christlich ummantelte. Dies gilt besonders für Bräuche, die mit Feuer oder Wasser zu tun haben. Diese Elemente sind Grundlage allen Lebens und werden von Menschen seit Urzeiten mit Kulten bedacht. Schon lange vor der Entstehung des Christentums entfachten die Menschen Frühlingsfeuer zur Bannung des Winterdämons und zur Begrüßung der Sonne. In St. Peter im Schwarz-

wald wird alljährlich das Osterfeuertragen begangen. Junge Leute schichten am Ostersamstag vor der Kirche einen Holzstoß auf. In der Nacht wird das Feuer entzündet und von einem Geistlichen geweiht. Nachdem die große Osterkerze ihr Licht von diesem Feuer empfangen hat, bringen Jugendliche Baumschwämme zum Glimmen und tragen die Glut in die Häuser. Früher wurde damit die Flamme in den Herden erneuert, heute entzündet man eine Kerze daran.

Auch das entgegengesetzte Element, das Wasser, hat sich im Lauf der Jahrhunderte vom

Eierschalenmosaik auf ausgeblasenen Eiern. Verwenden Sie braune Schalen für weiße Eier und umgekehrt. Die Schalen vorsichtig brechen und auf das Ei kleben.

heidnischen Kultobjekt zum Gegenstand christlichen Osterbrauchtums gewandelt.

Zwar wird heute kaum noch am Ostermorgen das Vieh im Bach getränkt, um ihm Gesundheit und Fruchtbarkeit zu bescheren. Doch ziehen mancherorts wieder junge Leute in der Osternacht zum nächsten Wasserlauf, um vom kühlen Nass zu schöpfen. Das soll jung, schön und gesund erhalten und überdies Wunder wirken, wenn man die Liebste oder den Liebsten damit besprengt – allerdings ohne dass sie oder er es bemerkt. Wagen Sie einen Versuch, aber Vorsicht! „Plapperwasser" verliert seine wundersame Kraft. Also, Mund halten beim Schöpfen und nach Hause Tragen! Leicht nachahmen lässt sich das In-die-Ameisen-Gehen, das bei Siegen in Westfalen praktiziert wurde: Die Menschen legten bemalte Eier in Ameisenhaufen. Die Schale bildete, von der Ameisensäure angegriffen, abwechslungsreiche farbige Muster.

Auch anderswo lässt man sich zu Ostern etwas einfallen. In New York bewegt sich am Ostersonntag die große „Easter Parade" durch Manhattan. Blumengeschmückte Festwagen und Menschen mit extravaganten Hüten machen den Umzug zu einem unvergesslichen Erlebnis. Die Kinder in Washington zieht es zum „White House Easter Egg Roll". Im Garten des Weißen Hauses sind dann Tausende bunter Eier versteckt, die es zu suchen gilt, um sie ein Hangstück hinunterrollen zu lassen. Jedes Kind erhält ein vom Präsidenten und seiner Frau signiertes Holzei.

In Frankreich und Großbritannien verstummen die Kirchenglocken zum Zeichen der Trauer am Karfreitag und läuten erst wieder am Ostersonntag. Stumm verlaufen auch viele der Kreuzigungsprozessionen in Italien, Spanien oder etwa in Mexiko. Umso lauter wird es, wenn beispielsweise in Bern die Klageweiber durch die Gassen ziehen oder die Kinder in Finnland mit allem, was Krach macht, die Straßen bevölkern, um die „stille Woche" der Trauer zu beenden.

Ostern – die Spiele

Hasen jagen

Es können beliebig viele Spieler teilnehmen, und es sollte im Garten gespielt werden. Ein oder zwei Jäger versuchen Osterhasen zu fangen, die durch ein Schwänzchen – ein Tuch oder Band, das hinten aus der Hose hängt – gekennzeichnet sind. Die Jäger versuchen nun, so viele Schwänzchen wie möglich zu ergattern.

Das Ei im Berg

Die Mitspieler versammeln sich um einen Tisch und häufen in der Mitte einen kleinen Berg aus Salz oder Sand an. In die Mitte dieses Berges wird ein Ei gesetzt. Der Reihe nach nimmt jetzt jeder Spieler mit einem Teelöffel Sand oder Salz weg. Das Spiel ist zu Ende, wenn das Ei umkippt. Verlierer ist, wer zuletzt Sand oder Salz weggenommen hat.

Eierblasen

Alle Mitspielenden sitzen um einen Tisch. Die Unterarme werden auf die Tischkante gestützt, und in die Mitte des Tisches legt man ein ausgeblasenes Osterei. Auf ein Kommando hin beginnen alle Spieler zu pusten. Es gilt zu verhindern, dass das Ei die eigenen Unterarme berührt. Jede Berührung wird mit einem Minuspunkt gewertet. Nach fünf Minuspunkten muss der entsprechende Spieler ausscheiden oder ein österliches Schokopfand abgeben, um wieder auf Null zu kommen.

Schon immer waren die Menschen auch kreativ an Ostern. Man denke nur an die farbenprächtigen Prozessionen in manchen Gegenden, an kunstvoll gestaltete Osterkerzen oder aufwändig bemalte Ostereier. Wenn auch Sie aktiv werden wollen, um Ihr Heim in österlichem Schmuck erstrahlen zu lassen oder Freunde und Verwandte mit selbst gefertigten Geschenken zum Osterfest zu überraschen, finden Sie in diesem Buch zahlreiche Anregungen dafür, wie Ihnen das gelingen kann.

Osterteller

Ein farbenfrohes Huhn in Schablonenmalerei schmückt einen schlichten Holzteller.

■ Material

Holzteller, ⌀ 24 cm
Acrylfarbe in Elfenbein, Gelb, Orange, Rot, Violett, Grün und Braun
Acrylmattlack, klar
Schablonenfolie
wasserfester Filzstift
Cutter
Stupfpinsel

■ Anleitung

Zuerst den Holzteller in Elfenbein grundieren und die Farbe gut trocknen lassen. Grün mit etwas Wasser verdünnen und Tellerinnenfläche damit lasieren. Nach dem Trocknen das Huhn aufschablonieren. Wie das gemacht wird, zeigen die Steps. Zum Schluss den Teller ein- bis zweimal mit Acrylmattlack streichen.

Schablonieren

1 Fünf Schablonen anfertigen: Schablonenfolie über die Musterzeichnungen legen. Die Konturen von Körper, Flügel, Kamm/Schnabel, Schwanzfedern und Ei mit Filzstift aufzeichnen. Die Flächen mit dem Cutter ausschneiden.

Tipp:
● Liegen zwei unterschiedliche Farbfelder dicht zusammen, decken Sie das angrenzende mit einem Stück Klebeband ab. So wird es vor ungewolltem Einfärben geschützt. Reinigen Sie die Schablonen direkt nach dem Gebrauch mit Wasser, so können Sie sie immer wieder verwenden.

2 Zunächst die Schablone für den Körper auf dem Teller platzieren und mit Gelb austupfen. Mit dem Pinsel nur wenig Farbe aufnehmen, damit sie nicht unter die Schablone läuft. Die Schablone vorsichtig abnehmen und die Farbe trocknen lassen.

3 Schnabel, Kamm und Schwanzfedern aufschablonieren. Dafür die Schablonen passgenau ansetzen und mit Farbe austupfen. Danach Flügel und Ei aufschablonieren. Nach dem Trocknen Auge, Blüten, Füße, Eimuster und Gras frei Hand aufmalen.

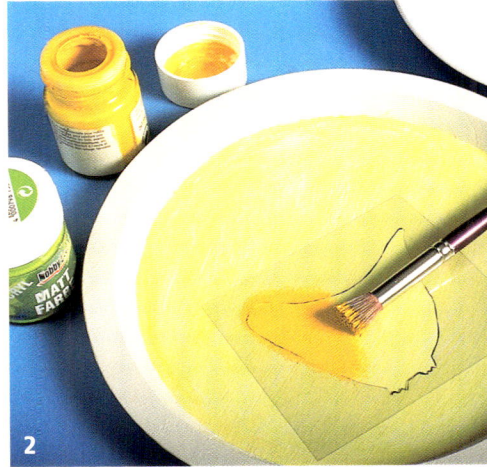

Farbe etwas kleiner zuschneiden. Für die Fertigstellung gibt
es verschiedene Gestaltungs-
möglichkeiten.
Klappkarte: Auf das kleinere Papierstück eine Tulpe aufzeichnen, mithilfe eines Cutters ausschneiden und hinterkleben.
Dann das Papierstück auf die
Vorderseite der Karte kleben.
Quadratischer Anhänger: Das
kleinere Papierstück mittig aufkleben, darauf eine ausgeschnit-
tene Tulpenblüte platzieren.
Länglicher Anhänger: Auf das
kleinere Papierstück eine Tulpe
aufzeichnen, Fläche ausschneiden.
In die Anhänger ein kleines Loch
stanzen und Karoband oder Bast
durchfädeln.

Tablett

Mit diesem Tablett servieren
Sie die Frühlingsstimmung
gleich mit.

■ **Material**
Holztablett, 20 × 30 cm
Acrylfarbe in Weiß, Gelb, Orange,
Rosa, Dunkelrot und Violett
Acrylmattlack, klar
Butterbrotpapier
stabile Pappe
Kreppklebeband
Bleistift, Cutter
Stupfpinsel

■ **Anleitung**
Zuerst das Holztablett weiß
grundieren und die Farbe gut
trocknen lassen. Für den Ta-
blettboden die Farben mit etwas

Tulpen

Karte und Anhänger

Karten aus Tonpapier: Variieren
Sie die Farben nach Belieben –
die Wirkung ist jedes Mal eine
andere.

■ **Material**
Tonpapier in beliebigen Farben
Butterbrotpapier
Karoband, 5 mm breit
Naturbast
Klebestift
Bleistift, Lineal
Schere, Cutter

■ **Anleitung**
Als Vorlage für die Tulpen die
Musterzeichnungen auf Butterbrotpapier durchzeichnen und
ausschneiden. Aus Tonpapier für
die Klappkarte und den quadra-
tischen Anhänger jeweils ein
Rechteck 21 × 14,5 cm bzw.
14 × 7 cm ausschneiden und in
der Mitte falten. Für den längli-
chen Anhänger ein Rechteck
12,5 × 5,5 cm groß ausschneiden, dann eine Schmalseite
spitz zuschneiden. Anschließend
Tonpapier in einer anderen

Wasser verdünnen: Mit Violett am unteren Rand einen 4 cm breiten Streifen aufmalen, übrige Fläche gelb lasieren. Nach dem Trocknen 3 Rechtecke in verschiedenen Farben aufmalen. Sie dürfen ruhig etwas schief geraten, die Malerei bekommt dadurch mehr Charme. Damit die Farbränder gerade werden, kleben Sie die Rechtecke mit Kreppband ab. Alles trocknen lassen, dann Klebeband entfernen. Als Vorlage für die Schablone die Tulpe auf Butterbrotpapier pausen, dann Konturlinie auf ein Stück Pappe übertragen. Die Tulpe mit einem Cutter ausschneiden. Nun die Schablone auf eines der Rechtecke legen und mit Kontrastfarbe austupfen. Mit dem Pinsel nur wenig Farbe aufnehmen, damit sie nicht unter die Schablone läuft. Die Schablone vorsichtig abnehmen und vor erneutem Gebrauch mit Wasser reinigen. Nach dem Trocknen das Tablett ein- bis zweimal mit Acrylmattlack streichen.

Hakenbord

Den Frühling ins Haus geholt: Die zarten Blumen in Pastelltönen verlangen weder Wasser noch besondere Pflege.

■ Material

Sperrholzreste in folgenden Stärken: 4 mm für Blüten, 6 mm für Vasen, 8 mm für Rückwand und Leiste
Laub- oder Dekupiersäge
Bohrmaschine
Holzbohrer
5 Schraubhaken
2 Aufhängeösen
feines Schleifpapier
Acrylfarbe in Weiß, Dunkelgelb, Orange, Rosa, Rot, Flieder, Violett, Blau und Grün
papierumwickelter Blumendraht in Grün
Karoband in Orange/Weiß
Holzleim
Butterbrotpapier
Bleistift, Cutter, Pinsel

■ Anleitung

Sperrholzrest für die Leiste 26,5 × 2,5 cm groß und für die Rückwand nach der Schemazeichnung (Zahlenangabe in Zentimetern) mit der Laub- oder Dekupiersäge zusägen. Damit das Holz beim Sägen nicht ausreißt, ritzen Sie die Sägelinien vorher mit dem Cutter an. Die Leiste mit 3,5 cm Abstand zur unteren Kante bündig auf die Rückwand leimen und von hinten zusätzlich mit kleinen Nägeln fixieren. Den überschüssi-

gen Leim gleich nach dem Verbinden mit einem feuchten Tuch abwischen. Für die Haken Löcher in entsprechendem Durchmesser einbohren. Als Vorlage für Vasen und Blüten die Musterzeichnungen auf Butterbrotpapier pausen. Für die Vasen die zweite Hälfte an der gestrichelten Linie gegengleich durchzeichnen. Die Vorlagen ausschneiden, auf die entsprechenden Sperrholzreste legen und Konturen mit Bleistift nachzeichnen, dann aussägen. Alle Kanten sorgfältig mit feinem Schleifpapier glätten. Den Schleifstaub gründlich entfernen. Nun Kanten und Oberflächen weiß grundieren. Nach dem Trocknen die Einzelteile gemäß Foto bemalen. Die Farben mit etwas Wasser verdünnen und nicht so dick auftragen, so kann die Grundfarbe noch leicht durchschimmern. Oberhalb der Leiste die Innenfläche der Rückwand dunkelgelb streichen, dabei seitlich und oben einen 1,5 cm breiten Rand stehen lassen. Die gelbe Fläche in Orange konturieren. Die Muster auf Blüten und Vasen frei Hand aufmalen – darin liegt der Reiz dieser Malerei. Alles trocknen lassen. Für die Blumenstängel Drahtstücke abschneiden und auf der Rückseite sowohl der

Blüte als auch der Vase festkleben. Erst dann die Vasen aufleimen. Zuletzt Haken eindrehen, Aufhängeösen an der Rückseite befestigen und Karoband festknoten.

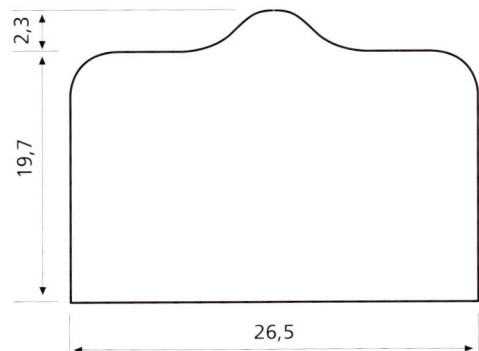

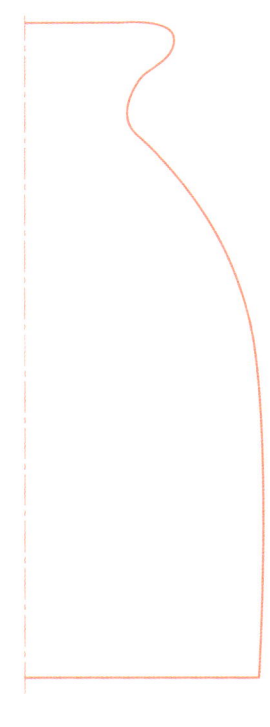

Filzkissen

Nicht nur zur Osterzeit ist dieses Kissen ein hübscher Blickfang. Auch für den Rest des Jahres kann es sich als kuscheliger Farbtupfer sehen lassen.

▦ Material
Wollfilz in Grau, 1 Stück 43 × 43 cm und 2 Stück 23 × 43 cm
Wollfilz in Creme und Taubenblau, ca. 15 × 17 cm
Sticktwist in Rosa und Hellblau
Nähnadel
Stecknadeln
Schere
Vliesofix
Bügeleisen
Bleistift
Inlett, 40 × 40 cm
Butterbrotpapier

▦ Anleitung
Graue Filzplatten in den oben genannten Größen zuschneiden. Die Tulpenmotive abpausen und auf den cremefarbenen und taubenblauen Filz übertragen. Vliesofix aufbügeln, die Motive ausschneiden. Lesen Sie dazu „Motive applizieren". Auf der Kissenplatte nach Wunsch oder Foto anordnen und aufbügeln. Achten Sie besonders auf das Fixieren der Tulpenspitzen. Anschließend die Blüten ringsum mit Sticktwist im Vorstich (siehe Zeichnung) aufsticken. Um das Kissen fertig zu stellen, werden die 2 rückwärtigen Kissenplatten ebenso im Vorstich aneinander genäht. Lassen Sie dabei einen Schlitz von ca. 20 cm offen, um dort später das Kissen einzuziehen.

Zuletzt beide Kissenplatten aufeinander legen und mit Stecknadeln fixieren. Im Randabstand von 1,5 cm die Kissenplatten rundherum im Vorstich aufeinander nähen. Eventuelle Überstände am Rand abschneiden.
Nun das Inlett einziehen und den rückseitigen Schlitz im Vorstich schließen. Sie können natürlich auch einen Reißverschluss einnähen.

Motive applizieren
Applizieren bedeutet, eine Stofflage auf einer anderen zu befestigen. Wir haben das hier mit Vliesofix getan. Vliesofix ist ein hauchdünnes beidseitig klebendes Vlies, das auf einem Papierträger aufgebracht ist. Durch Aufbügeln lassen sich so zwei Stoffschichten miteinander verbinden.
So wird appliziert: Motive mit Butterbrotpapier abpausen. Dazu legen Sie das Papier auf die Motivvorlage und zeichnen die Konturen mit einem Bleistift

nach. Diese ausschneiden und auf das Vliesofix übertragen. Beim Übertragen der Motive legen Sie diese auf die Papierseite des Vliesofix. Konturen ebenfalls mit dem Bleistift nachzeichnen und grob ausschneiden. Nun diese Vliesofixstücke mit der Vliesseite auf den Trägerstoff legen. Von der Papierseite her ohne Dampf aufbügeln. Jetzt die Motive exakt ausschneiden und die Papierschicht vorsichtig abziehen. Motive mit der Vliesseite nach unten auf dem Trägerstoff platzieren und

aufbügeln. Dann das Motiv mit Hand- oder Maschinenstich ringsum aufnähen.

Vorstich

Achtung!
Wenn die Vliesofixstücke auf der Vliesseite mit dem Bügeleisen in Berührung kommen, verklebt das Bügeleisen!

Geschenkschachteln

Als Verpackung für Osterüberra-
schungen der Hit, aber auch
sehr schön zum Aufbewahren
kleiner Schätze.

■ Material
kleine und große Schachteln aus
Pappe
Naturpapier in Weiß, Rosa und
Grün
Kunstblumen
Bastelfarbe in Weiß, Flieder und
Grün
transparente stabile Folie
Heißklebepistole

doppelseitiges Klebeband
Tapetenkleister
Bleistift
Lineal, Geodreieck
Schere, Cutter
breiter Pinsel

■ Anleitung
Den Kleister nach Angaben des
Herstellers anrühren.
1 Unterteil: Das Unterteil der
großen Schachtel auf die Rückseite des Papiers stellen und den
Bodenumriss mit Bleistift markieren. Außenwände ausmessen,
für die Höhe das doppelte Maß
auf das Papier zeichnen.

An allen Oberkanten sowie für
die schmalen Wände an den
seitlichen Kanten 1 cm zugeben.
Das Papier zuschneiden und
einkleistern. Den Karton von
außen und innen einstreichen
und mittig auf das Papier setzen. Zuerst die schmalen Seiten
hochziehen, Zugaben über Eck
legen. Das Papier andrücken
und sorgfältig von innen nach
außen glatt streichen. Danach
die breiten Wände beziehen.
Für den Innenboden ein Stück
Papier passgenau zuschneiden
und aufkleben.
2 Deckel: Für das Sichtfenster
auf den Deckel den Umriss der
kleinen Schachtel zeichnen und
mit dem Cutter ausschneiden.
Erst dann den Deckel nach dem
gleichen Prinzip wie das Unterteil beziehen, Innenseite je-
doch aussparen. Das Papier im
Fenster bis auf 1 cm zurückschneiden, Ecken einschneiden,
dann Zugaben nach innen legen
und festkleben. Transparente
Folie ringsum ca. 1 cm größer
als das Fenster ausschneiden
und auf der Innenseite mit
doppelseitigem Klebeband
befestigen.
Blumenkästchen: Die Oberseite
der kleinen Schachtel bis auf
1 cm zurückschneiden, Ecken
einschneiden, dann Zugaben
nach außen knicken. Schachtel
innen mit Bastelfarbe streichen.
Trocknen lassen, dann die
Kunstblumen mit Heißkleber
fixieren. Blumenkästchen hinter
das Sichtfenster kleben.

Mosaik-Ei

Ein Puzzle aus Farben und Formen – Mosaik ist eine alte Technik, die durch ihre vielen
Möglichkeiten immer wieder
neu fasziniert. Auch Ostereier
kann man damit gestalten.

■ **Material**
Styropor-Ei, 20 cm groß
Glasstückchen (siehe Hersteller)
zum Glasbrechen: Mosaikzange
oder Hammer und ein altes
Handtuch

Mosaikkleber
weiße Fugenmasse
kleiner Spachtel
Plastikunterlage
Baumwolllappen
Schwamm

■ Anleitung

Um die kleinen Mosaiksteine zu erhalten, am besten mit einer Mosaikzange die Steine brechen. Alternativ einige Glasscherben in den Lappen wickeln, alles auf einen harten Untergrund legen, zum Beispiel Holz, und kräftig mit dem Hammer draufklopfen. Passende Steinchen herausnehmen, die anderen nochmals zerschlagen. Wegen der feinen Glassplitter sollten Sie draußen arbeiten. Diesen Vorgang beliebig wiederholen, bis Sie die gewünschte Menge Steine haben. Mosaiksteine aus den Splittern heraussortieren. Splitter gleich entsorgen, damit sich keiner verletzt. Nun den Kleber auftragen und die Steine aufkleben. Hier können Sie Ihrer Kreativität freien Lauf lassen. Ob Muster, bunt gemixt oder einfach nur uni – wie Sie die Steine kleben, bleibt Ihnen überlassen. Ist das Ei rundum beklebt, wird die Fugenmasse aufgetragen. Pulver gemäß Herstellerangaben anrühren und mit dem Spachtel in die Fugen streichen. Spachteln Sie mehrmals dieselbe Stelle, damit die Fuge ganz ausgefüllt wird. Wenn die Masse zu trocknen beginnt, mit einem trockenen Schwamm überschüssiges Material abwischen. (Mit einem feuchten Schwamm würden Sie die Fugenmasse wieder herauswischen.) Zuletzt die Steine mit einem Lappen polieren.

Vorsicht: Dieses Ei sollte nicht in Kinderhände geraten, da die Mosaiksteine an manchen Stellen aufgrund der Eiform spitz herausstehen.

Tipp:
● Sie können das Ei auch mit runden Glasnuggets bekleben.

Das Styropor-Ei mit den Mosaiksteinen rundum bekleben.

Fugenmasse anrühren und aufspachteln.

Mit einem trockenen Schwamm überschüssige Masse abwischen.

Wenn die Fugenmasse hart ist, aber noch nicht ausgehärtet, mit einem Lappen nachpolieren.

Eierfarben aus der Natur

Macht Spaß und geht ganz einfach: Eier mit Zwiebelschalen zu färben kostet fast nichts, und Sie erhalten ganz individuelle Ostereier. Probieren Sie es aus!

■ **Material**
ca. 100–200 g möglichst braune Zwiebelschalen, diese färben intensiver (selber sammeln oder beim Gemüsehändler nachfragen!)
weiße Eier
alter Kochtopf
Gefäß für den Farbsud (Schüssel)

Sieb
Essig
Kochlöffel
zusätzlich für gemusterte Eier:
alte Feinstrumpfhose
Garn oder Schnur
Kräuter, Blätter, Blüten, Gras usw.

Tipp:
● Das Farbbad können Sie übrigens mehrmals verwenden.

■ **Anleitung**
Um die Eier zu färben, brauchen Sie zunächst einen Farbsud. Dafür die Zwiebelschalen in einem Topf mit wenig Wasser 1–2 Stunden oder über Nacht einweichen. Dann den Sud bis auf 1 Liter mit Wasser auffüllen und ca. 1 Stunde köcheln lassen. Dadurch löst sich die Farbe aus den Zwiebelschalen heraus. Den fertigen Sud durch ein Sieb in eine Schüssel abgießen. Vor dem Färben die Eier mit Essig säubern. Für einfarbige Eier brauchen Sie diese nun nur noch mit dem Kochlöffel in das Farbbad zu legen. Je länger die Eier im Wasser verweilen, umso intensiver wird der Farbton. Für gemusterte Eier legen Sie die Kräuter möglichst flach auf das gesäuberte Ei. Darauf achten, dass sie nicht zu dicht aneinander liegen, sodass die Motive sich später schön abzeichnen. Ein Stück Feinstrumpfhose vorsichtig über das Ei ziehen und an den Enden mit einem Faden straff zubinden, sodass die Kräuter fest am Ei anliegen. Wenn der gewünschte Farbton erreicht ist, das kann nach $^1/_2$ Stunde oder auch nach 2 Stunden sein, den Strumpf aufschneiden und das Ei herausnehmen. Die Flächen, die mit Kräutern abgedeckt waren, sind weiß geblieben. Durch unterschiedlich lange Färbedauer erhalten Sie eine weich abgestufte Farbtonvielfalt, die sehr dekorativ aussieht.

Osternester aus Gips

Edel und originell wirken diese Nester aus Gipsbinden. Sie lassen sich im Handumdrehen nachmachen und in verschiedenen Größen und Formen herstellen.

■ **Material**
Gipsbinden
Schale Wasser
Vaseline oder Melkfett
Schere
Objekte zum Abformen, wie Schüsseln oder Luftballons

■ **Anleitung**
Schneiden Sie die Gipsbinden in 10 cm lange Stücke. Zum Abformen können Sie Glas- oder Plastikschalen, je nach gewünschter Größe des Osternestes, verwenden. Ideal ist auch ein Luftballon, den Sie unterschiedlich groß aufblasen können. Schale oder Ballon mit Fett einschmieren, damit sich das Gipsnest später gut löst. Gipsbindenstück in Wasser tauchen und auf die Form legen. Das folgende Stück leicht überlappend auflegen. Fahren Sie so fort, bis die gesamte Form mit Gipsbinden bedeckt ist. Wenn Sie die Binden schräg abschneiden, lassen sich lustige Zipfel als Rand gestalten oder als Wulst ausformen. Auch können Sie den Rand später, wenn die Schale hart ist, noch beschneiden. Für ein kleines Nest reicht es, wenn Sie die Binden in 1–2 Lagen auflegen.

Bei größeren Nestern sollten es 3 Lagen sein. Wenn die Binden hart sind (nach 1–2 Minuten), Nest vorsichtig durch Drehbewegungen abnehmen.

Tipp:
● Auf diese Art lassen sich auch dekorative Obstschalen herstellen, denen Sie durch Anmalen mit Acrylfarben noch ein buntes Outfit geben können.

Den Ballon auf einem Blumentopf festklemmen und unten mit einer Schnur anbinden, damit er beim Arbeiten nicht so leicht umkippt. Mit Fett einschmieren.

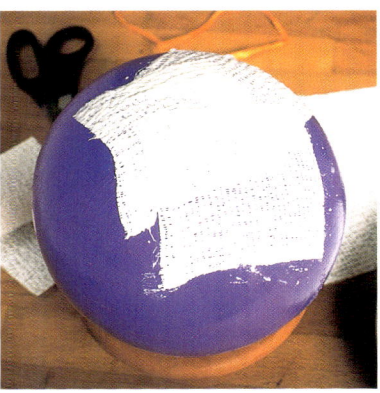

Gipsbindenstücke in Wasser tauchen und auf den Ballon legen.

Bunte Bänder

Ein verspieltes Osternest oder einfach nur ein bunter Strauß – mit farbigen Bändern holen Sie den Frühling ins Haus.

■ Material
verschiedene Dekobänder
Blumenseide in Weiß
Luftballon
Holzleim
Vaseline oder Melkfett
Tapetenkleister
Flachpinsel, ca. 2 cm breit
Blumentopf, in den der aufgeblasene Ballon passt

■ Anleitung
Luftballon aufblasen und mit einer Schnur durch das Loch am Blumentopfboden festmachen. Er sollte dabei wie ein Osterei im Eierbecher sitzen – so kann er beim Arbeiten nicht wegkippen. Etwas Tapetenkleister nach Packungsanweisung anrühren und 1:1 mit Holzleim mischen. Nun die Bänder auf Länge schneiden. Messen Sie dazu von Gefäßrand zu Gefäßrand über den Ballon + ca. 40 cm, je nachdem wie viel Band aus dem Nest herausgucken soll. Ballon mit Fett einstreichen. Dann legen Sie ein Band quer über den Ballon und pinseln es kräftig mit dem Leimgemisch ein. Das nächste Band leicht versetzt auflegen und auch einkleistern. So kleben Sie Band für Band auf, bis der Ballon ringsum bedeckt ist. Die Bänder dürfen leicht überlappen. Achten Sie darauf, dass der Leim nicht an den überhängenden Bändern klebt, das gibt später Flecken. Zuletzt ein besonders langes Band aufkleben – mit dem können Sie das Nest zubinden. Nun wird alles noch einmal durch eine Hülle aus Seidenpapier fixiert: Blumenseide in handgroße Stücke reißen und über die Bänder kleben. Die Stücke auflegen und mit dem eingekleisterten Pinsel andrücken. Der Leim dringt durch das Papier und fixiert es so. 3–4 Papierschichten reichen für die Stabilität. Gut trocknen lassen und dann vom Ballon abnehmen. Die Bänder nach Wunsch kürzen. Jetzt brauchen Sie das Nest nur noch mit Leckereien zu füllen und mit dem langen Band eine Schleife zu binden.

Die Bänder werden durch ein paar Schichten Seidenpapier fixiert.

Vergoldete Eier

Ein Huhn, das goldene Eier legt, gibt es nicht. Aber wie Sie Eier mit goldfarbenen Mustern verzieren können, das erfahren Sie hier.

■ **Material**
Eier
Schaschlikspieße
Acrylfarben in Blau, Grün und Weiß
Flachpinsel, N° 4 und N° 10
Teller zum Mischen der Farben
Blattmetall in Gold (oder Silber)
Anlegemilch
weicher Pinsel, ca. N° 12

■ **Anleitung**
Eier ausblasen und auf einen Schaschlikspieß stecken. So lassen sich die Eier gut ringsum bemalen. Aus Blau, Grün und Weiß verschiedene Türkis- und Grüntöne mischen und die Eier anmalen. Stecken Sie die Spieße anschließend in ein mit Sand gefülltes Glas – so kann die Farbe ringsherum trocknen. Jetzt wird vergoldet: Mit dem kleinen Flachpinsel Anlegemilch in Mustern aufmalen. Anlegemilch ist eine durchsichtige, klebende Flüssigkeit, an der später das Blattmetall haften bleibt. Malen Sie Punkte, Streifen, Kringel und was Ihnen sonst noch einfällt auf die Eier. Wählen Sie nicht zu filigrane Muster, diese kommen nicht so gut heraus. Nach Herstellerangaben trocknen lassen, ca. 15 Minuten. Nun ein Stück Blattmetall nehmen, auf das Ei legen und mit dem weichen Pinsel andrücken. Wiederholen Sie diesen Vorgang, bis das ganze Ei bedeckt ist. Jetzt mit dem Pinsel das Blattmetall, das nicht an der Anlegemilch haftet, vorsichtig wegpinseln. Das dabei abfallende Material kann für weitere Vergoldungsarbeiten verwendet werden.

Bast-Ei

Schön in jedem Osterstrauß –
mit buntem Bast umwickelte
Eier. Mit nur wenigen Farben
können Sie viele verschiedene
Modelle kreieren.

■ Material
Styropor-Eier, 8 cm groß
Bast in 3–4 Farben
Klebstoff
Stecknadeln oder Reißzwecken

■ Anleitung
Wählen Sie für das erste Ei 2
Farben aus und wickeln Sie
1–2 m Bast ab. Die beiden An-
fänge mit einer Stecknadel oben
oder unten am Ei feststecken.
Tragen Sie nun etwas Klebstoff
ringsum auf. Den Bast spiralförmig um das Ei herumführen
und gleichzeitig mit den Fingern
leicht andrücken (siehe Foto).
Wiederum etwas Kleber auftragen und den Bast festdrücken.
Dabei das Ei fortlaufend drehen.
Tragen Sie immer nur für 1–2
Umdrehungen Kleber auf, sonst
klebt er an den Fingern und
behindert Sie beim Arbeiten. Auf
diese Art das ganze Ei mit den
beiden Bastfäden ummanteln.
Zuletzt die Enden wiederum mit
einer Stecknadel am Ei fixieren
– von einer Farbe ein längeres
Stück für die Aufhängung stehen
lassen, dann die Fäden abschneiden. Für ein Ei mit 3 Farben brauchen Sie ein wenig
Geschick, da Sie nun 3 Fäden
durch Ihre Finger laufen lassen

und gleichmäßig aufkleben
müssen. Dafür ergibt sich aber
durch Verdrehen der Fäden beim
Aufkleben ein schönes Streifen-

spiel, indem Sie mal die eine
Farbe und mal die andere oben-
auf legen.

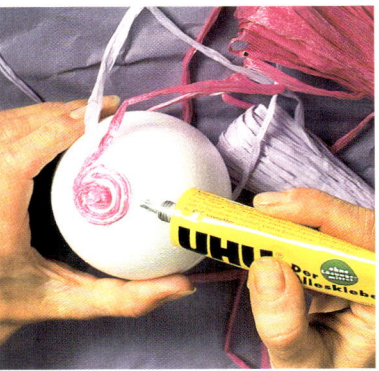

*Tragen Sie für 2–3 Umwicklungen etwas
Klebstoff auf.*

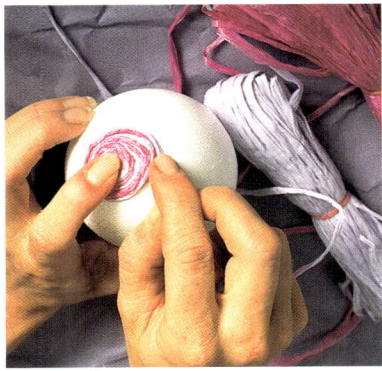

*Den Bast spiralförmig um das Styropor-Ei
wickeln.*

Umwickeln mit Silberdraht fixieren. Den Eisendraht zu einer Spirale auseinander ziehen, bis eine Höhe von 5 cm erreicht ist. Am unteren Drahtende mit der Rundzange eine Öse biegen. Für den Aufhänger ein ca. 33 cm langes Drahtstück entlang der Vorlage biegen, dann in das Körbchen einhängen. Beim ausgeblasenen Ei das untere Loch mit einem Tropfen Alleskleber verschließen. Nun können Sie das Ei mit Wasser füllen, mit einer Blume dekorieren und in das Körbchen setzen.

Osternest

Raffiniert: Glasschüssel mit Papier bekleben und Draht einarbeiten – fertig ist das Osternest.

■ Material

Schüssel, ⌀ ca. 13 cm
Seidenpapier in Weiß
Eisendraht, verzinkt,
⌀ 1,4 mm
Silberdraht, ⌀ 0,25 mm
Seitenschneider
Plastik- oder Glasgefäß
Vaseline oder Melkfett
Tapetenkleister, Holzleim
Klebestreifen
Pinsel

■ Anleitung

1 Zunächst eine Schüssel als Grundform auswählen. In einem Plastik- oder Glasgefäß den Kleister nach Angaben des Herstellers anrühren und Holzleim

Gestalten mit Draht

Hängekörbchen

Filigranes Körbchen für eine Ei-Vase: Schön als Einzelstück, aber auch wirkungsvoll, wenn gleich mehrere davon an einen Zweig gehängt werden.

■ Material

Eisendraht, verzinkt, ⌀ 1,4 mm
Silberdraht, ⌀ 0,25 mm
Seitenschneider, Rundzange
ausgeblasenes Ei
Alleskleber

Tipp:

● Bekleben Sie die Enden der Rundzange mit Pflaster oder Klebeband, damit die Oberfläche vom Draht nicht beschädigt wird.

■ Anleitung

Für das Körbchen vom Eisendraht ein 70 cm langes Stück abschneiden und eine Schnecke mit ca. 5 cm Durchmesser biegen. Äußeres Drahtende durch untermischen (auf $^1/_4$ Liter ca. 2 Esslöffel), das gibt der Masse mehr Festigkeit. Nun das Seidenpapier in Faserrichtung in kleine Stücke schneiden oder reißen. Die Schüssel umdrehen und außen dick mit Fett einreiben, so lässt sich die Pappmaché-Schicht später besser ablösen. Falls Sie keine Vaseline o. Ä. zur Hand haben, können Sie die Schüssel auch mit Frischhaltefolie straff überziehen. Die einzelnen Papierstücke auflegen und mit Kleister einpinseln. Die Schüssel mit 3–4 Schichten bekleben, dabei die Stücke leicht überlappend auflegen.

Alles gut trocknen lassen.
2 Mit Eisendraht einen Kreis für den Boden formen, Drahtende mit Silberdraht fixieren. Den Eisendraht spiralförmig um die Schüssel winden und an einigen Stellen mit Klebestreifen auf der Schüssel befestigen. Den Draht abschneiden und das Ende wiederum fixieren. Nun nochmals 2–3 Papierschichten aufkleistern. Nach vollständigem Austrocknen die Pappmaché-Schale vorsichtig von der Grundform lösen. Zum Schluss den Rand mit der Schere gerade schneiden und mit einer letzten Lage Papier bekleben.

Welch eine Gaudi! Anna und Leonie haben sich bestens amüsiert beim Ostereierbekleben.

hen. Den Kleister gemäß Packungsanweisung anrühren. Mit dem Pinsel etwas Kleister aufnehmen, das Ei bestreichen und einen Schnipsel aufkleben. Nun mit dem feuchten Pinsel wieder einen Papierschnipsel in einer anderen Farbe aufnehmen und leicht überlappend aufkleben. Auf diese Weise das ganze Ei bedecken. Durch das Übereinanderkleben entstehen schöne Farbschattierungen. Kleben Sie nur 2–3 Schichten, da sonst die Farben nicht mehr leuchten. Wenn ein Ei fertig ist, können Sie es in das Gefäß mit Sand zum Trocknen stecken.

Buntes Osterei

Heimlich im Gras versteckt, blitzt es nur durch bunte Farben hervor. Dieses Osterei können Kinder auch ganz alleine machen.

■ **Material**
Blumenseide in verschiedenen Farben
Styropor-Eier
Tapetenkleister
Flachpinsel
dünne Holzstäbe, z. B. Schaschlikspieße
ein Gefäß für den Kleister
ein Gefäß für die Schnipsel
ein Gefäß mit Sand gefüllt

■ **Anleitung**
Ein Styropor-Ei auf einen Holzspieß stecken. Die Blumenseide in kleine Schnipsel reißen und

diese in ein Gefäß legen, damit sie nicht wegfliegen. Hier eignet sich ein Weckglas gut, weil Sie es verschließen können und die Farben der Schnipsel noch se-

Tipp:
● Viele bunt beklebte Eier sind auch auf dem Ostertisch ein fröhlicher Blickfang.

Aber es wird natürlich auch ganz konzentriert gearbeitet, und die Mädchen beraten sich bei der Farbwahl.

Ostergruß

Da haben auch die Kleinen ihre Freude. Denn Knöllchen zu zwirbeln geht ganz leicht und macht Spaß. Aus vielen bunten Papierkügelchen entsteht so Stück für Stück ein bunter Ostergruß als Türschmuck oder Wandbild.

Tipp:
● Auch ein Häschen oder Küken sieht in dieser Technik süß aus.

■ **Material**
Blumenseide, bei 5 Farben pro Farbe ca. 6 Bögen
1 Bogen Fotokarton, 70 × 50 cm
Klebstoff für Papier
Bleistift
Schere
Gefäß für Papierkügelchen

■ **Anleitung**
Auf den Fotokarton ein Ei von ca. 55 × 47 cm Größe mit Bleistift malen und ausschneiden. Den Schriftzug „Frohe Ostern" mit 2 cm Buchstabenbreite auftragen. Dann müssen zunächst eine ganze Menge Knöllchen gerollt werden. Dafür das Seidenpapier in handgroße Stücke reißen. Es geht leichter, wenn Sie das Papier zuerst in Längsrichtung reißen und dann in Querrichtung. Man kann auch 2–3 Lagen übereinander legen und dann reißen. Für die Schrift ein dunkles Seidenpapier wählen, damit sie später gut lesbar ist. Die fertigen Papierstücke zusammenknüllen und mit beiden Händen rollen, sodass ein Kügelchen entsteht. Wenn ein ganzer Schwung gerollt ist, können Sie mit dem Aufkleben beginnen. Fangen Sie mit der Schrift an. Ein bisschen Klebstoff auftragen und Knöllchen für Knöllchen aufkleben. Nicht zu viel, damit er nicht antrocknet, und nicht zu wenig, damit Sie mehrere Knöllchen hintereinander kleben können. Um die Schrift herum helle Farben wählen, damit diese gut hervortritt.

Nun nach und nach das ganze Ei auf diese Art bekleben. Für die Fertigstellung des gesamten Eies braucht man ungefähr einen Nachmittag Zeit. Dieses Modell ist übrigens eine prima Bastelarbeit für die ganze Familie.

Zuerst die Papierstücke reißen.

Hier wird ein Knöllchen kräftig in Form gerollt …

… und ins Schälchen gelegt, damit es nicht wegkullert.

Louis muss genau überlegen, wo er sein Knöllchen hinklebt.

Teller bemalen

Bunte Ostereier, lustige Hasen und phantasievolle Muster – hier dürfen sich die Kinder austoben und ihrer Phantasie freien Lauf lassen. Die Farben werden auf Porzellanteller gemalt und im Backofen eingebrannt.

■ Material
weiße Porzellan- oder Steingutteller
Porzellanmalstifte
Haushaltspapier

■ Anleitung
So gestalten die Kinder ihren eigenen Osterteller – oder bemalen ihn für Oma, Opa, Tante, Onkel ... Sie können mit den Farbstiften einfach drauflosmalen und, wenn ihnen etwas nicht gefällt, einfach mit Haushaltspapier wieder abwischen. Zuerst die Teller mit Spülmittel sorgfältig säubern. Dann wird nach Lust und Laune direkt auf den Teller gemalt. Die Grundfarben Rot, Gelb, Blau und Grün reichen schon, um lebendige und schöne Ergebnisse zu bekommen. Wenn der Teller fertig bemalt ist, wird er im Backofen gebrannt. Brennzeit und Temperatur entnehmen Sie bitte der Herstellerbeschreibung.

Das macht Spaß! Leonie will gar nicht mehr aufhören.

Tipp:
● Das Tellerbemalen ist auch für einen Kindergeburtstag eine prima Beschäftigung. Und jedes Kind darf seinen eigenen Teller mitnehmen!

Ob Hase oder Ostergruß – hier ist jeder Teller ein Unikat.

35

Osterhase

Das Holzhäschen kann man prima im Gebüsch verstecken – oder einfach auf die Ostertafel setzen.

In seinem Körbchen aus Draht haben eine Menge bunte Ostereier Platz.

■ Material

Leimholzbrett, 18 mm stark, 20 × 30 cm
Sperrholzstück, 8 mm stark, 20 × 20 cm
Stichsäge
Schleifpapier, 100er Körnung
Bohrmaschine oder Akkuschrauber
Bohrer, Stärke 1 und 1,5
4 Nägel, 1 Reißzwecke
Klebstoff
Blumendraht, geglüht
Acrylfarbe in Weiß, Braun, Hellgrün, Hellgelb und Türkis
Teller zum Mischen der Farben
schwarzer wasserfester Filzstift
Haushaltsschwamm
feiner Pinsel
Flachpinsel zum Grundieren
Butterbrotpapier zum Abpausen
Bleistift
Schere
Hasendraht

■ Anleitung

Vorbereiten: Alle Motivvorlagen mit Butterbrotpapier abpausen. Dafür das Papier auf die Vorlagen legen und mit Bleistift Konturen, Gesicht und Markierungen nachzeichnen. Mit der Schere ausschneiden. Der Körper wird aus dem dickeren Leimholz gesägt, Arm, Bein und Ohren aus dem Sperrholz. Legen Sie die Vorlagen auf das entsprechende Holz, und zeichnen Sie die Konturen auf. Alle Teile mit der Stichsäge aussägen, anschließend die Kanten gut schleifen. Nun die Bohrpunkte markieren und bohren. Für die Schnurrbarthaare brauchen Sie den Bohrer mit der Stärke 1, für die Nagellöcher und die

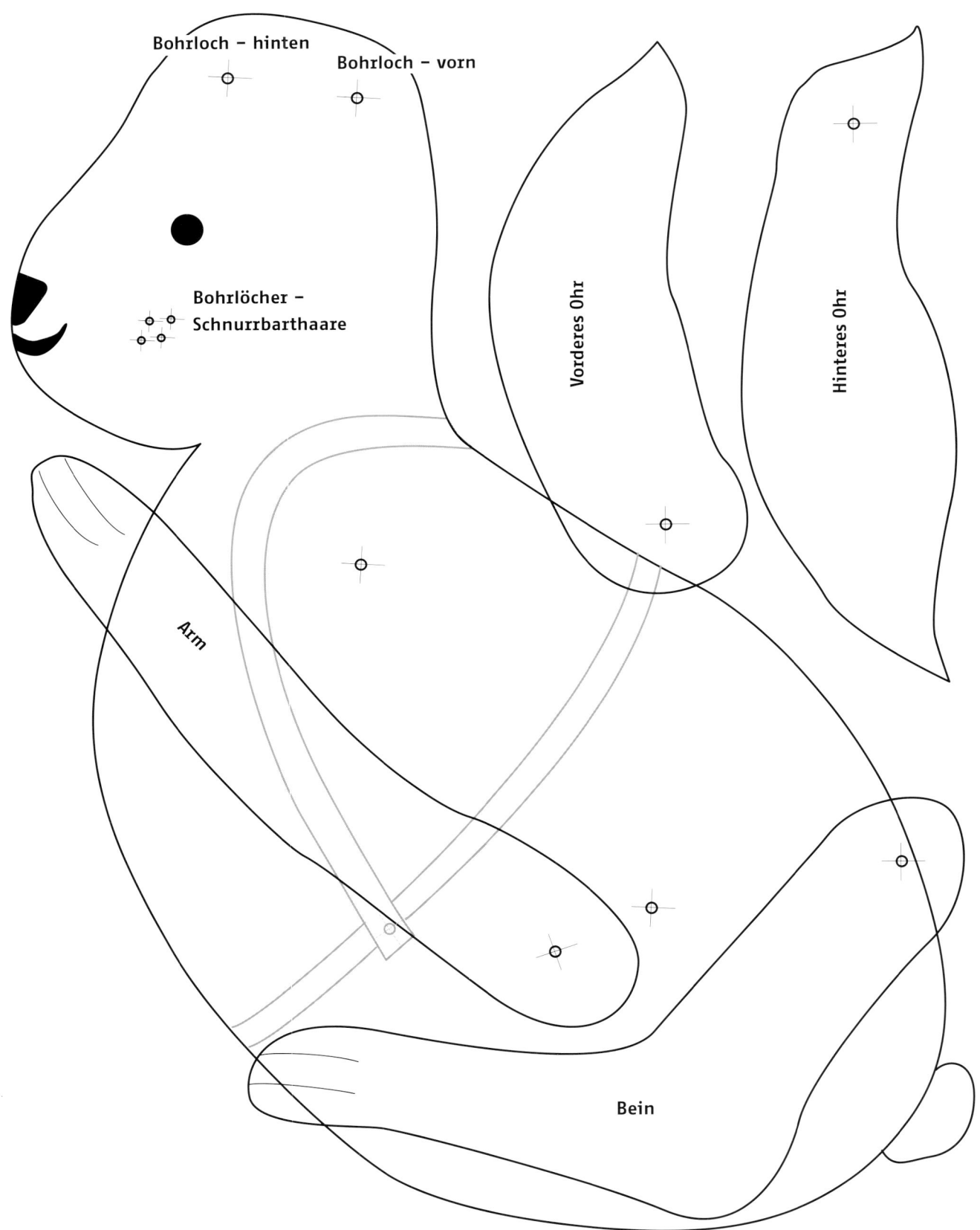

Bohrloch – hinten

Bohrloch – vorn

Bohrlöcher –
Schnurrbarthaare

Vorderes Ohr

Hinteres Ohr

Arm

Bein

Reißzwecke den Bohrer mit der Stärke 1,5.

Bemalen: Alle Teile weiß grundieren und trocknen lassen. Nun braune und weiße Farbe auf den Teller geben. Die Ecken des Haushaltsschwammes rund schneiden. Tragen Sie die Farbe jetzt mit dem Schwamm auf. Dabei abwechselnd mal Weiß und mal Braun aufnehmen, sodass sich verschiedene Schattierungen ergeben. Sie können sowohl auf dem Teller mischen als auch direkt auf dem Holz. Betupfen Sie so den ganzen Hasen, bis auf die Teile, die später die Hose darstellen sollen.

Tipp:
● Wenn Sie einen größeren Osterhasen anfertigen möchten, die Vorlagen einfach auf dem Kopierer vergrößern.

Für die Bäckchen mehr Weiß verwenden, dann wirken sie plastischer. Nach dem Trocknen der Farbe Gesicht und Ansatzlinien für die Hose übertragen.

Für das Körbchen schneiden Sie ein rechteckiges Stück aus Hasendraht zu. Dann formen Sie es zu einem Korb, indem Sie zuerst eine Zylinderform biegen und dann den Boden eindrücken. Durch vorsichtiges Aufdrücken dem Hasenrücken anpassen.

Das Gesicht und die Pfötchenlinien mit schwarzem Filzstift malen. Für die Hose zuerst Türkis flächig mit dem Flachpinsel auftragen, auch um die Kanten herum. Trocknen lassen. Dann mit dem feinen Pinsel ein Linienraster aus gelben und grünen Streifen, wie auf dem Foto, aufmalen. Zuletzt die Hosenträger malen.

Fertigstellen: Ohren, Arm und Bein an den vorgebohrten Punkten festnageln. Für die Schnurrbarthaare 4 Stückchen Blumendraht abdrehen oder abzwicken und in die vorgesehenen Löcher stecken. Die Reißzwecke mit Klebstoff in das Loch kleben. Sie können hier auch einen alten Knopf verwenden.

Korb: Ein 14 × 30 cm großes Stück Hasendraht mit der Schere ausschneiden. Dieses vorsichtig durch Umbiegen der Schmalseiten zu einem Körbchen formen. Die Spitzen möglichst nach innen flach umbiegen, damit sich keiner verletzt. 60 cm Blumendraht zur Hälfte legen und verzwirnen, indem Sie beide Enden miteinander verdrehen. Das verzwirnte Drahtstück durch den Korbrand fädeln und dem Hasen um die Brust legen. Enden ineinander verhaken und nun den Korb fest an den Hasen drücken, damit sich die Drahtform anpasst und der Korb gut sitzt. Mit etwas Gras, Bast oder Heu den Korb auskleiden und nach Belieben mit Osterleckereien füllen.

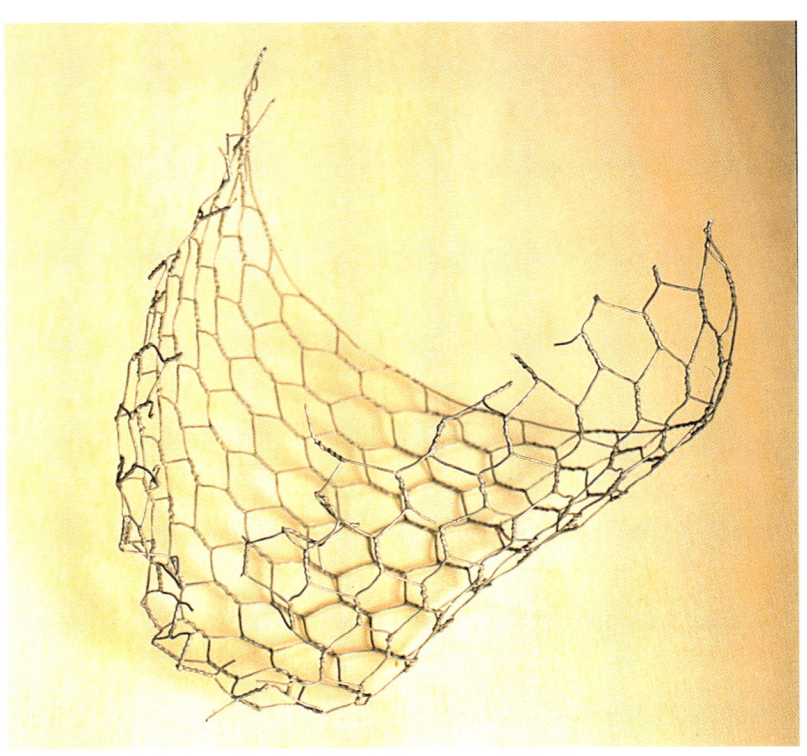

Wunsch spiegelverkehrt – sowie Markierungen für die Bohrlöcher (= x) auf das Sperrholz übertragen. Alle Teile mit der Laub- oder Dekupiersäge aussägen. Damit das Holz beim Sägen nicht ausreißt, Sägelinie vorher mit dem Cutter anritzen. Bei der Grundplatte oben und unten an den gewünschten Stellen Löcher bohren. Die Kanten und Oberflächen sorgfältig mit feinem Schleifpapier glätten. Den Schleifstaub gründlich entfernen. Alle Teile in Elfenbein bemalen. Nach dem Trocknen die Oberfläche stellenweise leicht anschleifen, vor allem die Ecken und Kanten, bis das Holz wieder zum Vorschein kommt. Je nach Geschmack mehr oder weniger von der aufgetragenen Farbschicht herunterschleifen. Die schwarze Farbe mit viel Wasser verdünnen, dann Gesicht, Rucksack und feine Linien aufmalen. Um Hase und Blüte miteinander zu verbinden, vom Draht ein ca. 6 cm langes Stück abschneiden. An einem Ende mit der Rundzange eine Öse biegen und Blüte auffädeln. Das andere Drahtende von hinten durch das Loch in der Pfote schieben, auf der Vorderseite ebenfalls eine Öse biegen. Nun den Hasen auf die Grundplatte leimen. Überschüssigen Leim gleich abwischen. Zuletzt die Möhren sowie einen Aufhänger befestigen.

Charmante Langohren

Anhänger

Die süßen Häschen überreichen die ersten Frühlingsblumen – ein schönes Geschenk für liebe Freunde.

■ Material

Sperrholzrest, 3 mm stark
Laub- oder Dekupiersäge (feines Sägeblatt)
Bohrmaschine
Holzbohrer, ⌀ 1,5 mm
feines Schleifpapier
Acrylfarbe in Elfenbein und Schwarz
Butterbrot- und Kopierpapier
Blumendraht, ⌀ 0,65 mm
Rundzange, Seitenschneider
Holzleim
Cutter, Pinsel

■ Anleitung

Alle drei Anhänger werden nach den hier abgebildeten Musterzeichnungen gearbeitet, variieren Sie bei der Zusammenstellung der einzelnen Teile. Die Musterzeichnungen auf Butterbrotpapier pausen. Mit Kopierpapier die Konturen – nach

Stecker

Ruck, zuck fertig:
Das Hasen-Pärchen wird aus Filz
ausgeschnitten und auf Karton
aufgeklebt.

■ Material

Filzrest in Weiß
Rest Karostoff oder -band
dünner Karton in Weiß
Sticktwist in Schwarz
Sticknadel mit Spitze
Butterbrot- und Kopierpapier
Holzspieß
Alleskleber

■ Anleitung

Als Vorlage für den Hasen die
Musterzeichnung auf Butterbrotpapier pausen, mit Kopierpapier
auf ein Stück Filz übertragen
und ausschneiden. Das Gesicht
mit 2-fädigem Sticktwist gemäß
Musterzeichnung aufsticken.
Nun den Filzhasen auf Karton
kleben. Den überstehenden Karton abschneiden. Aus Karostoff
einen schmalen Streifen ausschneiden, in der Mitte mit
einem farblich passenden Faden
abbinden und als Schleife oder
Fliege aufkleben. Auf der Rückseite einen Holzspieß befestigen.

Huhn

Mit Papier, Draht und Blech und
ein wenig Geschick können Sie
eine lustige Hühnerfamilie in
die Welt setzen.

■ Material
Draht, verzinkt, 1,2 mm stark,
1 m lang

Rundzange
Seitenschneider
1 kleines Stück Weißblech,
0,2 mm stark
Haushaltsschere
2 Perlen in Silber, ⌀ 7 mm
2 Federn
Lötkolben
Lötzinn, Lötfett
1 Stück Blech als Lötunterlage

Faserpapier (Geschenkpapier-
bogen)
Klebstoff
Butterbrotpapier zum Abpausen
Filzstift

■ Anleitung
Biegen Sie zuerst den Körper des
Huhns aus Draht. Dafür ein
50 cm langes Stück Draht mit

dem Seitenschneider abzwicken. Den Draht auf die dem Text unterlegte Zeichnung legen und in Form biegen, das überstehende Drahtstück abzwicken. Für die Beine jeweils 10 cm Draht abtrennen und mit der Rundzange

Achtung!
Lötfett nur hauchdünn auftragen.

den Mittelzeh 3 cm abknicken. Für die anderen beiden Zehen jeweils ein 5 cm langes Stück Draht verwenden und gemäß der Vorlage biegen. Schnabel, Kamm und Füße werden aus Weißblech zugeschnitten. Dafür die Motive mit Butterbrotpapier abpausen, ausschneiden und

auf das Blech legen. Konturen mit Filzstift nachzeichnen und mit der Haushaltsschere ausschneiden. Jetzt werden die Teile zusammengelötet. Zehen auf die Füße legen. Lötzinn in das Lötfett stecken, erhitzen und an ein paar Stellen auf die Drahtzehen tropfen lassen. Nach dem Erkalten des Lötzinns können Sie überprüfen, ob Blech und Draht sich verbunden haben. Wenn nicht, müssen Sie den Vorgang wiederholen. Auf die gleiche Art Körper mit Kamm und Schnabel zusammenlöten. Das Anlöten der Beine an den Körper erfordert etwas Geschick. Verwenden Sie üppig Lötzinn, damit die Beine nicht abbrechen. Dann das Huhn auf den

Füßen festlöten. Das geht am besten zu zweit, eine Person hält das Huhn gerade und die andere lötet. Beine vorsichtig ein wenig zurechtbiegen, damit das Huhn steht. Zuletzt bekommt das Huhn noch ein Kleid. Dafür aus dem Faserpapier zwei Stücke ausschneiden, die ringsum etwa 0,5 cm größer sind als der Körper. Beidseitig auf das Drahthuhn kleben. Perlen als Augen und Federn als Flügel aufkleben.

Tipp:
● Wenn Sie die Vorlagen mit dem Kopierer verkleinern, können Sie auch noch ein paar Hühnerkinder basteln.

Hasen aus Frottee

Über diese Spielhasen freut sich Groß und Klein. Sie sind aus weichem Frottee genäht und bekommen Kleider aus Stoffresten.

■ Material

Frotteestoff, hellbraun, ca. 45 × 30 cm pro Hase
Baumwollstoffreste, kariert und gestreift
Nähseide, farblich passend
Sticktwist in Schwarz
Klettband, 2 cm breit, 1,5 cm lang
Perlen oder Glasaugen in Schwarz
Knopf, ⌀ 1 cm
Butterbrotpapier, weißes Papier
Füllwatte
Stecknadeln, Nähnadel
Schere

■ Anleitung

Als Vorlage für Hasen und Kleider die Musterzeichnungen von Seite 46/47 auf Butterbrotpapier pausen, auf festes weißes Papier

übertragen und ausschneiden. Vorlagen auf die linke Stoffseite übertragen. Mit 1 cm Nahtzugabe beim Rock die rückwärtigen Kanten und den Saum zuschneiden sowie bei der Hose die obere Kante und den Saum. An den übrigen Kanten und bei den Frotteeteilen ca. 0,5 cm zugeben. Beim Baumwollstoff Fadenlauf beachten.

Pro Hase (Frotteestoff):
Grüne Musterzeichnung
A Vorderes Kopfteil 2-mal
B Hinteres Kopfteil 1-mal
C Bauchteil 2-mal
D Rückenteil 2-mal
E Arm 4-mal
F Fuß 4-mal
G Ohr 4-mal

Hose (Baumwollstoff):
Blaue Musterzeichnung
1 Vorderes Hosenteil 1-mal lt. Vorlage und 1-mal gegengleich
2 Hinteres Hosenteil 1-mal lt. Vorlage und 1-mal gegengleich
3 Tasche 1-mal
zusätzlich 2 Streifen: 16 cm lang, 3 cm breit (inkl. Zugabe)
Kleid (Baumwollstoff):
Rote Musterzeichnung
1 Vorderteil 1-mal
2 Rückenteil 1-mal lt. Vorlage und 1-mal gegengleich
3 Tasche 1-mal
Hase nähen: Zuerst an den vorderen Kopfteilen die Abnäher steppen. Dann die vorderen Kopfteile rechts auf rechts von 1 bis 2 aneinander nähen. Das hintere Kopfteil an das vordere

von 1 bis 3 steppen. Nun die Bauchteile von 4 bis 5 und die Rückenteile von 6 bis 7 zusammennähen. Bauch und Rücken rechts auf rechts legen und Seitennähte sowie untere Kante steppen. Kopf und Körper wenden, ausformen und mit Watte füllen, anschließend mit Leiterstich (siehe Stickzeichnung auf S. 54) von Hand zusammennähen. Je zwei Ohr-, Arm- und

Fußteile rechts auf rechts aufeinander legen und zusammensteppen, kurze Kanten offen lassen. Die Nahtzugaben an den Rundungen einschneiden. Alle Teile wenden – evtl. mit Hilfe einer Durchziehnadel – dann ausformen und bis auf die Ohren mit Watte füllen. An den offenen Kanten die Zugaben nach links legen, Öffnungen mit Handstichen zunähen. Ohren, Arme und Füße mit Leiterstich an den Körper nähen. Als Augen Perlen aufnähen, Nase mit schwarzem Sticktwist in senk-

rechtem Plattstich (siehe Stickzeichnung auf S. 47) aufsticken.
Hose nähen: Applikation: Bei
der Tasche die obere Nahtzugabe
zur linken Seite legen und ansteppen. Tasche auf die rechte
Stoffseite eines vorderen Hosen-
teils entlang der gestrichelten
Linie stecken. An den Seiten und
unten mit einem kleinen, dicht
eingestellten Zickzackstich
steppen. Bei der Hose zuerst
Seitennähte, dann innere Bein-
nähte und Mittelnaht zusammennähen. An der Oberkante
die Nahtzugabe zur linken Seite

bügeln. Für die Träger die Streifen links auf links längs zur
Hälfte falten. Lange Kanten
5 mm nach innen falten und
bügeln. Offene lange Kanten
schmalkantig absteppen. Die
Enden an den markierten Stellen von links an die Hose
stecken, dabei Träger überkreu-
zen. Nahtzugabe der Oberkante
ansteppen, dabei Träger mit-
fassen.
Kleid nähen: Schulternähte
steppen. Am vorderen und am
rückwärtigen Ausschnitt sowie
an den Armausschnitten die

Nahtzugaben nach links bügeln
– evtl. an den Rundungen einschneiden – und feststeppen.
Seitennähte steppen. Die Zugaben der rückwärtigen Kanten
einschlagen und feststeppen.
Vom Klettband je drei 0,5 cm
lange Stücke abschneiden. Die
rauen Teile auf das linke
Rückenteil steppen, die flau-
schigen Teile am rechten
Rückenteil untersteppen. Saum-
zugabe nach innen bügeln und
feststeppen. Tasche applizieren
(siehe Hose), an der markierten
Stelle einen Knopf aufnähen.

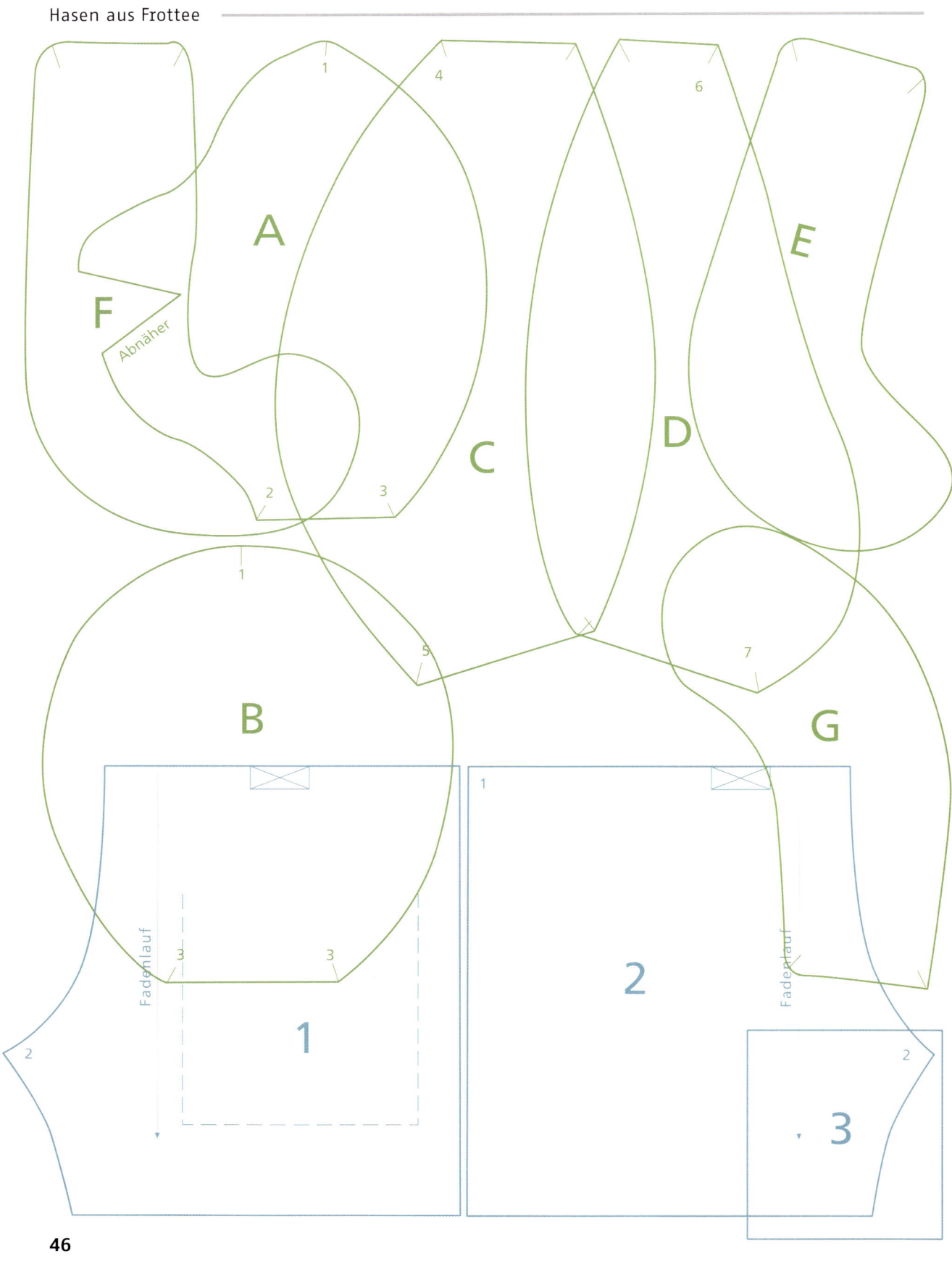

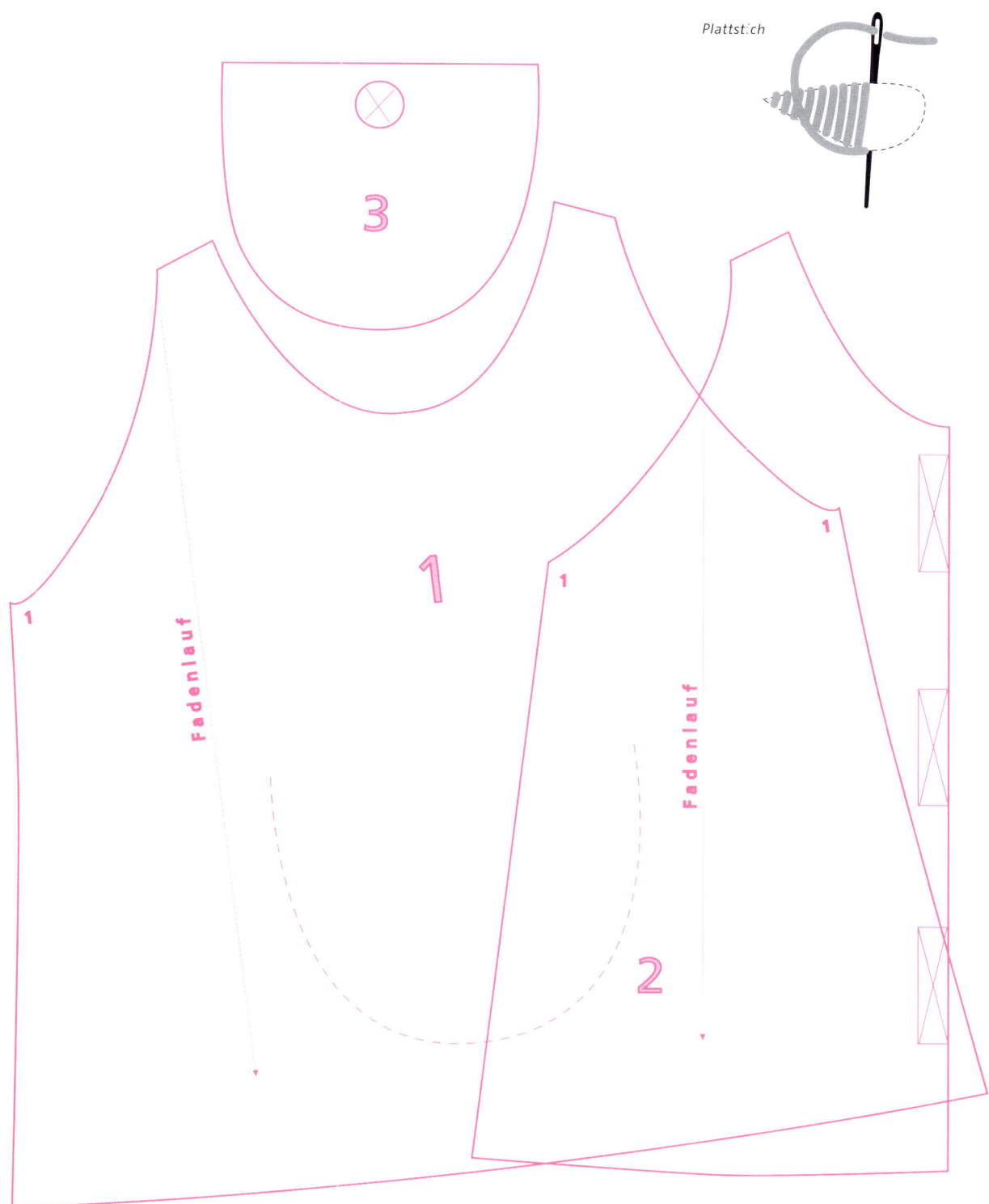

Plattstich

3

1

1

1

Fadenlauf

Fadenlauf

2

Tischkranz aus Zweigen

Schön, wenn man einen Waldspaziergang so kreativ umsetzen kann. Der Kranz ist aus gesammelten Ästen gebunden und mit Ostereiern bestückt.

■ Material

Drahtkranz, ⌀ 25 cm oder Draht, 1–2 mm stark, 4 m lang
Blumendraht
dünne biegsame Zweige (z.B. Esche)
Glitzerspray, z.B. in Diamant
Schleifenband für die Aufhängung
Rebenschere

■ Anleitung

Zuerst werden im Wald Zweige gesammelt. Nehmen Sie dafür am besten eine Rebenschere mit, damit Sie die Äste nicht brechen müssen. Möglichst keine frisch wachsenden Triebe schneiden, sondern was der Boden so hergibt, aufsammeln.

Die Zweige sollten alle ähnlich stark und nicht brüchig sein. Zu Hause die Sammelstücke in ca. 15 cm lange Stücke schneiden. Hübsch ist es auch, wenn Sie kleine Verästelungen dranlassen, die dann später im Kranz frech herausstehen.

Wenn Sie keinen fertigen Drahtkranz verwenden, können Sie einen aus Draht herstellen. Das ist nicht schwer, einfach den Draht 4–5-mal in Kreisform mit dem gewünschten Durchmesser biegen und durch Umwickeln mit Blumendraht festigen. Bedenken Sie, dass die Zweige noch viel Volumen bringen, sodass der Drahtkranz mit einem Durchmesser von 25 cm für einen großen Esstisch ausreicht. Kranz binden: Ein paar Äste mit dem dickeren Ende auf den Ring legen und mit Blumendraht umwickeln. Das nächste Bündel dachziegelartig auf die vorigen Äste legen und ebenso festwickeln. Dabei stehen die Astspitzen nach außen weg. Fahren

Sie so fort, bis der ganze Drahtring mit Ästen umwickelt ist. Das Ende ist etwas kniffelig, Äste möglichst weit unter den Anfang stecken und festbinden. Nun den fertigen Kranz mit Glitzerspray besprühen – das gibt ihm das gewisse Etwas. Dazu am besten nach draußen gehen. Trocknen lassen.

4 Schleifenbänder in gleichem Abstand zueinander um den Kranz schlingen, festknoten und an einem Deckenhaken aufhängen. Der Kontrast von zartem Organzaband und rustikalen Zweigen wirkt besonders interessant. An die Zweige können Sie nach Belieben Ostereier oder andere Dekorationsobjekte hängen. Sogar ein Vögelchen im Nest kann auf dem Kranz seinen Platz finden.

> **Tipp:**
> ● Auch weiß besprüht sieht dieser Kranz sehr edel aus.

Ein Bündel Zweige auf den Drahtring legen und mit Blumendraht umwickeln. Das folgende Bündel dachziegelartig über das vorige legen, sodass der gewickelte Draht möglichst nicht mehr zu sehen ist. Wiederum mit Blumendraht umwickeln.

Für die Aufhängung ein Band zwischen den Zweigen durchfädeln und um den Kranz binden.

Etagere

Außergewöhnliches Dekostück: Hier fühlen sich Osterhäschen rundum wohl.

■ Material
Sperrholz, 5 mm stark
Weißblech, 0,2 mm stark
Rundholzstab, ⌀ 10 mm, 39 cm lang
Möbelknopf aus Holz
Acrylmattlack in Weiß
Butterbrotpapier
dünner Karton
Stichsäge
Bohrmaschine
Holzbohrer, ⌀ 10 mm
Nägel, 0,9 × 13 mm
feines Schleifpapier
Holzleim
Hammer
Haushalts- oder Blechschere
Cutter
Filzstift
Pinsel

■ Anleitung
Aus Sperrholz folgende Teile zusägen: Fußplatte mit 16,5 cm Durchmesser, untere Ablageplatte mit 27,5 cm Durchmesser, obere Ablageplatte mit 22 cm Durchmesser. Damit das Holz beim Sägen nicht ausreißt, Sägelinien vorher mit dem Cutter anritzen. Für den Rundholzstab in beide Ablageplatten mittig ein Loch durchbohren, bei der Fußplatte nur halb einbohren. Kanten und Oberflächen sorgfältig mit feinem Schleifpapier glätten. Den Schleifstaub gründlich entfernen. Rundholzstab in die Fußplatte leimen, von unten zusätzlich mit einem kleinen Nagel fixieren. Den überschüssigen Leim gleich nach dem Verbinden mit einem feuchten Tuch abwischen. Trocknen lassen. Höhe für die untere Ablageplatte markieren, dann ringsum waagerecht 4 Nägel jeweils ca. 4 mm tief in den Stab einschlagen. Platte aufstecken und festleimen. Die obere Platte ebenso befestigen. Möbelknopf auf das Stabende leimen. Alles weiß streichen und trocknen lassen. Als Vorlage für den Hasen die Musterzeichnung auf Butterbrotpapier pausen, auf dünnen Karton übertragen und ausschneiden. Vorlage auf das Weißblech legen, Hase insgesamt 18-mal mit Filzstift aufzeichnen. Die Hasen mit einer Haushalts- oder Blechschere ausschneiden. Wenn sich beim Ausschneiden das Blech verbiegt, die Hasen auf einen ebenen sauberen Untergrund legen und so lange mit einem Nudelholz überrollen, bis sie eine glatte Fläche haben. An der unteren Platte 10 Hasen, an der oberen 8 im Abstand von ca. 2 mm mit Nägeln befestigen (siehe Markierung an Vorder- und Hinterläufen).

Hühner

Ein Platz für Hühner. Das lustige Federvieh verbreitet gute Laune auf dem Frühstückstisch.

■ Material
Serviette mit Hühnermotiven
Serviettenkleber
dünner Karton
Eierschalen
Naturbast
weiße Grasfasern
Federn
Karoband, 25 mm breit
Blumendraht, braun lackiert,
∅ 0,65 mm
Seitenschneider, Rundzange
Alleskleber, Klebestreifen
Schere
Filzstift
weicher Pinsel

■ Anleitung
Die Hühner grob ausschneiden, dann die obere, bedruckte Lage vorsichtig ablösen. Karton mit Serviettenkleber bestreichen. Motive auflegen und mit einem weichen Pinsel glätten, dabei von der Motivmitte zum Rand

hin streichen. Darauf achten, dass keine Blasen oder Falten entstehen. Danach die Motive mit einer weiteren Schicht Kleber überstreichen. Nach dem Trocknen die Motive entlang den äußeren Konturen ausschneiden.

Anhänger: Bei den Hühnern am oberen Rand mit einer dünnen Nadel ein Loch stechen und Bastfaden durchziehen. Anhänger an Geschenken befestigen.

Platzkarten: Pro Platzkarte vom Draht drei ca. 54 cm lange Stücke abzwicken und miteinander verdrehen. Ein Drahtende gemäß Vorlage biegen. Den restlichen Draht für die Standfläche ab Pfeilspitze zu einer Spirale mit etwa 3,5 cm Durchmesser biegen. Beim Huhn am oberen Rand mit einer dünnen Nadel ein Loch stechen. Ein Stückchen Eierschale mit Filzstift beschriften und von hinten an die Füße kleben. Für die Aufhängung vom

Draht ein 4 cm langes Stück abschneiden. An einem Ende mit der Rundzange eine Öse biegen und Huhn auffädeln. Am anderen Ende ebenso eine Öse biegen, diese am Haken einhängen. Zuletzt den Stiel zurechtbiegen – er sollte sich mittig über der Standfläche befinden –, sodass die Platzkarte stehen bleibt.

Eierbecher: Für den Ring aus Karton einen 17 × 2,5 cm großen Streifen ausschneiden. Schmalseiten 2 cm überlappend zusammenkleben. Klebestellen zum Trocknen mit einer Wäscheklammer sichern.

Den Ring außen mit Karoband bekleben, Grasfasern einlegen und mit Federn dekorieren. Dann ein Ei einsetzen. Auf der Rückseite vom Huhn ein 5–6 cm langes Drahtstück mit einem Klebestreifen befestigen. Huhn in den Eierbecher stecken.

Stoffhasen

Das Hasenduo im Karo-Look ist garantiert der Hingucker auf jedem Ostertisch.

◼ Material
Baumwollstoff oder Geschirr-
tuch, grün kariert
Nähgarn in Weiß und Braun
Füllwatte
Reis oder Polyäthylengranulat
Häkelblüte
Naturbast
Bleistift

◼ Anleitung
Als Vorlage für den Hasenkörper die Musterzeichnung mit dem Kopierer 225 % vergrößern, dann ausschneiden. Für die

Arme einen Streifen 15 × 3 cm und für den Boden einen Kreis mit 5,5 cm Durchmesser aus Papier ausschneiden. Pro Hase aus Karostoff das Körperteil 2-mal, Arme und Boden je 1-mal mit ringsum 0,7 cm Nahtzugabe zuschneiden. Fadenlauf beachten. Das Gesicht gemäß Musterzeichnung mit doppeltem braunem Nähgarn aufsticken. Die Körperteile rechts auf rechts legen und mit dichten Steppstichen zusammennähen, untere Kante offen lassen. Die Nahtzugabe nach Bedarf etwas zurück- und in Ecken und Rundungen einschneiden. Körper wenden – evtl. mit Hilfe einer Durchziehnadel – und ausformen. Den Körper zu zwei Dritteln mit

Füllwatte, darüber mit Reis oder Granulat füllen. Beim Körper an der unteren Kante und beim Boden die Nahtzugabe nach links einschlagen und mit Leiterstich (siehe Stickzeichnung) von Hand zusammennähen. Den Streifen für die Arme rechts auf rechts längs zur Hälfte legen und an einer Schmalseite und der Längskante zusammensteppen. Arme wenden, ausformen und mit Watte leicht ausstopfen. Die Öffnung mit Handstichen zunähen. Die Schmalseiten der Arme mit Leiterstich seitlich an den Körper nähen. Zum Schluss einige ca. 5 cm lange Baststücke in der Mitte abbinden und als Schleife aufnähen. Nach Wunsch eine Häkelblüte am Ohr befestigen.

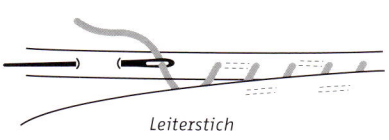
Leiterstich

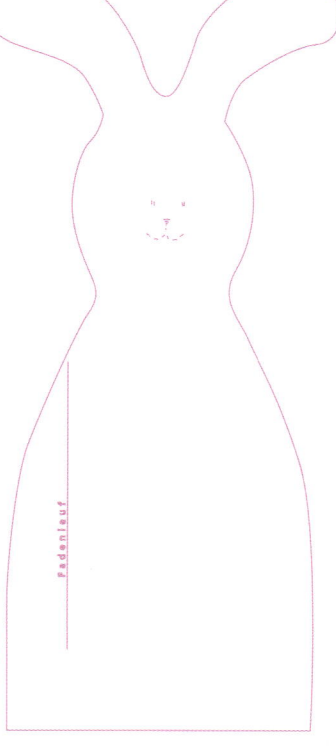

Tischset

Eine liebevolle Zierde auf der
österlichen Kaffeetafel: Tisch-
sets mit applizierten Küken aus
verschiedenen Stoffresten

■ Material

Baumwollstoff, grün kariert für
das Set, 2 Stück à 30 × 40 cm
und gelb gestreift für die Ein-
fassung, 14 × 90 cm
Stoffreste für die Küken
Stickgarn in Braun
Nähgarn in Gelb und Rot
Vliesofix
dünnes beidseitig aufbügelbares
Volumenvlies, 30 × 40 cm
Stecknadeln
Bügelmusterstift
Butterbrotpapier
Bleistift
Heftgarn

Seitenstreifen rechts auf rechts auf das Set steppen.

*Streifen um die Setkante schlagen und
von der rechten Seite ansteppen.*

■ Anleitung

Die beiden Untergrundstoffe mit
dem Volumenvlies verbinden:
Karostoff, Volumenvlies und
Karostoff in dieser Reihenfolge
aufeinander schichten, mit
Stecknadeln an wenigen Stellen
fixieren und mit einem feuchten
Tuch bügeln. Wenden und von
der anderen Seite bügeln. Die
Küken werden, wie unter „Brotkorbdeckchen" beschrieben
(S. 59), auf den Untergrundstoff
appliziert. Die Vorlagen für die
Küken finden Sie ebenfalls dort
dem Text unterlegt.
Randeinfassung: Aus dem
gestreiften Stoff 2 Streifen mit
7 cm Breite und 40 cm Länge
sowie 2 Streifen mit 7 cm Breite
und 34 cm Länge zuschneiden.
Eine Seite eines jeden Streifens
1 cm einschlagen und bügeln.
Die längsseitigen Streifen mit
der offenen Kante rechts auf
rechts bündig an die Längskanten des Sets stecken. Mit
1,5 cm Nahtbreite ansteppen.
Umbügeln und um die Kante
herum doppelt einschlagen. Mit
Stecknadeln fixieren und heften. Dabei soll die umgebügelte
Streifenkante exakt auf der vorhandenen Stepplinie verlaufen.
Von der rechten Seite durch alle
Stofflagen feststeppen. Die
kurzen Seiten ebenso einfassen,
dabei die überstehenden
Streifenstücke nach innen schlagen. Die Ecken nochmals in
Quadratform absteppen.

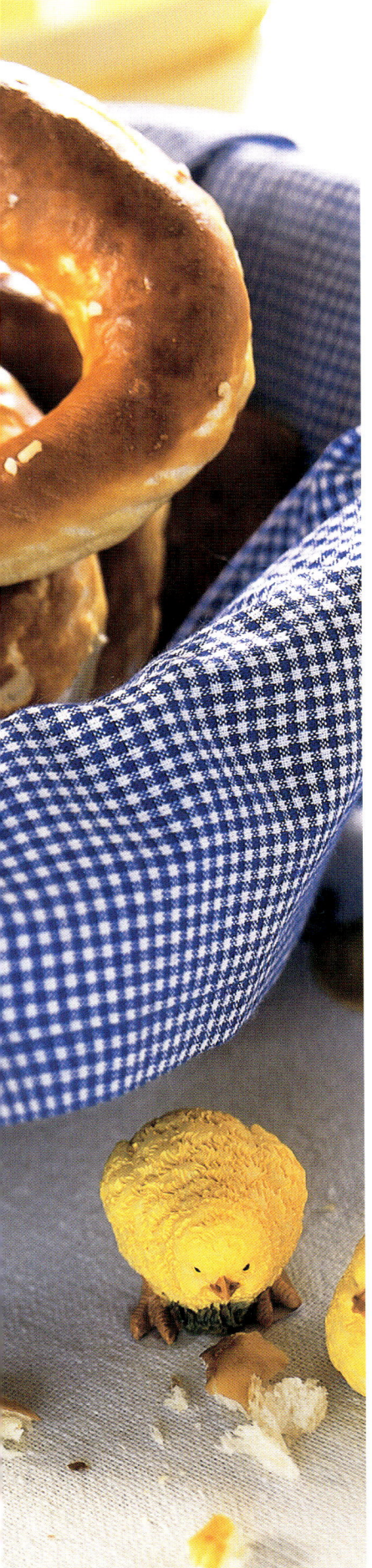

Brotkorbdeckchen

Verspielt: Das kleine applizierte
Küken darf die herabfallenden
Brotkrümel aufpicken.

■ **Material**
Baumwollstoff, kariert,
50 × 50 cm
2 kleine Reste Baumwollstoff,
gelb gemustert
Stickgarn in Braun
Vliesofix
Nähgarn in Gelb
Butterbrotpapier zum Abpausen
Bügelmusterstift oder Bleistift

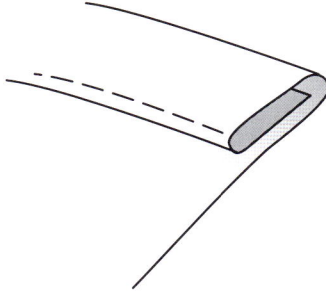

■ **Anleitung**
Den karierten Stoff ringsum
1 cm breit doppelt säumen: Den
Stoff ringsum 2 cm umschlagen
und bügeln. Dann die Kante
1 cm einschlagen und bügeln
(siehe Skizze). Mit Stecknadeln
fixieren und feststeppen. Nun
einen dem Text unterlegten
Kükenkörper mit Butterbrotpapier abpausen, ausschneiden
und auf das Trägerpapier des
Haftvlieses übertragen (siehe
„Motive applizieren", S. 17). Den
Flügel extra übertragen, grob

ausschneiden und auf den entsprechenden Stoff bügeln.
Schneiden Sie nun entlang der
aufgezeichneten Konturen Körper und Flügel aus. Nun die
Position des Flügels mit dem
Bügelmusterstift auf dem Körper
markieren. Oder mit Bleistift
übertragen: Dafür auf der Rückseite der Vorlage den Flügel mit
Bleistift nachzeichnen. Die Vorlage wenden und auf den
Kükenkörper legen. Den Flügel
nochmals mit Bleistift nachzeichnen. Auf diese Art bleibt
der Bleistiftstrich von der Rückseite am Stoff haften. Nun das
Trägerpapier von Flügel und
Körper abziehen, den Flügel auf
die angezeichnete Position
legen. Das Küken in einer Ecke
des genähten Tuchs (etwa
5–8 cm vom Rand entfernt)
platzieren. Mit einem feuchten
Tuch bei mittlerer Temperatur
aufbügeln, ca. 5 Sekunden ohne
Dampf. Applizieren: Das untere
Schnittteil, also das Küken,
zuerst mit eng gestelltem Zickzackstich aufsteppen, dann den
Flügel applizieren. Als Letztes
Beine, Auge und Schnabel aufsticken.

Kannenwärmer

Passende Ergänzung zu Tischset und Brotkorbdeckchen: Mit diesem praktischen Kannenhut können Sie Ihren Frühstückstisch ganz in Frühlingslaune präsentieren.

■ Material

Baumwollstoff, gelb gestreift, 25 × 120 cm breit
Stoffreste für Ei-Applikation, Henkel und Einfassung
Nähgarn in Gelb
Vliesofix
mitteldickes Volumenvlies, 25 × 60 cm
Stecknadeln
Bügelmusterstift
Butterbrotpapier
Bleistift

■ Anleitung

Zuschneiden: Um die Schnittform des Kannenwärmers zu erhalten, die dem Text unterlegte Zeichnung abpausen und kontern. Prüfen Sie dann, ob diese Vorlage für Ihre Kanne passt. Dazu den Papierschnitt nochmals ausschneiden und beide Teile um die Kanne legen. Ringsum sollten ca. 2 cm Spielraum sein. Bei Bedarf den Schnitt entsprechend vergrößern oder verkleinern. Dann die Vorlage 4-mal aus dem gelb gestreiften Stoff, 2-mal aus Volumenvlies + Nahtzugaben zuschneiden. Vliesofix auf die Stoffreste bügeln (siehe „Motive applizieren", S. 17). Eiform abpausen, auf die mit Haftvlies unterbügelten Stoffreste übertragen und ausschneiden. Papierträger abziehen und die Eier auf einem der 4 Schnittteile anordnen und aufbügeln. Dieses Teil mit Volumenvlies unterlegen, feststecken und die Eiformen mit Zickzackstich applizieren.

Schlaufe: Für die Schlaufe ein Stoffstück 12 × 8 cm längs zur Hälfte legen, bügeln, Längskanten einschlagen und nochmals bügeln. Rechts und links entlang der Kanten steppen. Die beiden Enden aufeinander legen und mit einer Stecknadel fixieren.

Jetzt werden alle Schnittteile und Volumenvliesteile in folgender Reihenfolge übereinander gelegt: Volumenvlies – Stoff – Schlaufe – Stoff, mit der Applikation zum unterliegenden Stoff zeigend – Volumenvlies – Stoff – Stoff. In dieser Schichtung mit Stecknadeln fixieren, eventuell heften und anschließend steppen, die untere Kante offen lassen. Wer will, kann die Naht noch mit Zickzackstich versäubern. Nun drehen Sie einfach die applizierten Eier nach außen – alle Nähte liegen jetzt innen und die Schlaufe ist auch versäubert!

Einfassung: Einen Streifen im Umfang des Kannenwärmers +2 cm Nahtzugabe, 6 cm breit zuschneiden. Die Schmalseiten zusammensteppen. Streifen rechts auf rechts bündig an die Kante des Kannenwärmers stecken. Mit 1 cm Nahtbreite ansteppen. Umbügeln und um die Kante herum doppelt einschlagen, sodass die umgebügelte Kante exakt auf der vorhandenen Stepplinie verläuft. Nochmals bügeln, mit Stecknadeln fixieren und heften. Auf der rechten Seite feststeppen.

Serviettenringe

Hasen und Eier haben Hoch-
saison zur Osterzeit – hier zur
Abwechslung mal als Servietten-
halter aus Holz.

■ **Material**

Sperrholz, 8 mm stark,
15 × 15 cm (für 1 Hasen und 1 Ei)
Stichsäge
Bohrmaschine und Bohrer
Schleifpapier, 100er Körnung
Acrylfarbe in Weiß, Lavendel,
Blau und Hellgrün
Flachpinsel, N° 4 und N° 10
Haushaltsschwamm
schwarzer Filzstift
Klebstoff
einige Besenhaare als Schnurr-
bart
Butterbrotpapier zum Abpausen

■ **Anleitung**

Motivvorlagen mit Butterbrotpapier abpausen, ausschneiden
und auf das Sperrholz übertragen. Mit der Stichsäge aussägen.
Für das innere Teil zuerst ein
Loch mit der Bohrmaschine bohren, um dort das Stichsägeblatt
einzuführen. Ringsherum mit
Schleifpapier glätten. Hase und
Ei weiß grundieren und trocknen lassen. Das Ei mit Punkten,
Streifen oder nach Wunsch bemalen. Den Hasen hellgrün
streichen, anschließend mit einem Stück Haushaltsschwamm
stellenweise weiße Farbe auf-
tupfen. Gesicht mit Filzstift aufzeichnen. Zuletzt die Schnurrbarthaare aufkleben.

Deko-Ei aus Moosgummi

Ob als Tischkärtchen oder einfach als Blickfang, diese Eier sind eine moderne Deko für Ihren Ostertisch.

■ Material
4 Platten Crepla (Moosgummi)
Nagelschere
Klebstoff
weicher Bleistift
Butterbrotpapier zum Abpausen
1 Blatt Papier
Bilderzwicker

■ Anleitung
Vorlagen abpausen: Legen Sie das Butterbrotpapier auf die Ei-Motive und zeichnen Sie die Konturen nach. Die vier verschiedenen Eigrößen mit der Nagelschere ausschneiden. Wenn Sie nur ein oder zwei Modelle machen wollen, können Sie diese Butterbrotpapiervorlagen verwenden. Wollen Sie mehrere Modelle anfertigen, Vorlage besser auf festeres Papier übertragen. Größte Ei-Vorlage auf eine Crepla-Platte legen und mit Bleistift die Konturen aufzeichnen. Der Bleistift sollte eine weiche Spitze haben, damit das Moosgummi nicht ausreißt. Anschließend das Ei mit der Nagelschere ausschneiden. Wählen Sie nun die nächst-kleinere Eigröße und eine andere Farbe und schneiden Sie das Ei ebenfalls aus. Dieses Ei mittig auf das größere kleben. Zum Trocknen waagerecht hinlegen, damit die Eiformen nicht verrutschen. Die weiteren Eiformen ebenso ausschneiden und aufkleben, bis eine Eihälfte fertig ist. Ist der Klebstoff getrocknet, können Sie die Rückseite gestalten.

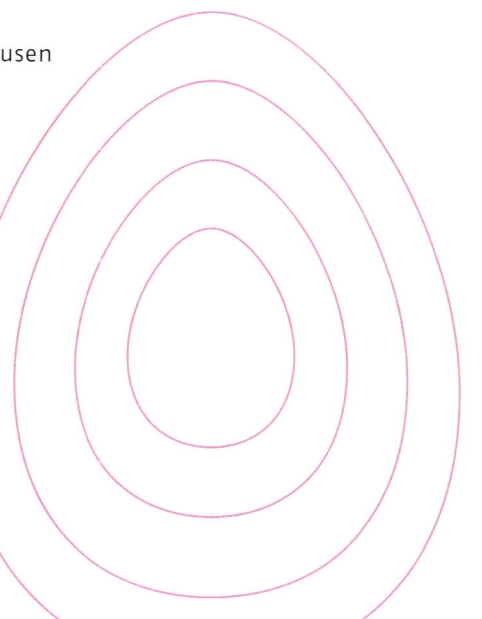

Moosgummi gibt es in vielen bunten Farbtönen.

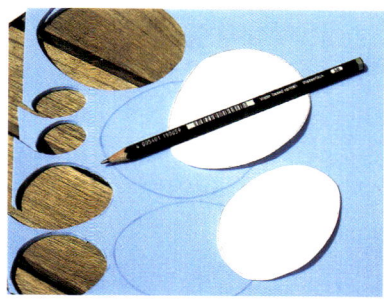

Zuerst die verschiedenen Eigrößen ausschneiden.

Durch Übereinanderlegen der Motivgrößen können Sie verschiedene Farbkombinationen ausprobieren.

Tipp:
● Schneiden Sie am besten zuerst viele verschieden große Eiformen zu. So können Sie durch Aufeinanderlegen ausprobieren, welche Farbkombinationen Ihnen gefallen.

Eiformen nach Größen geschichtet aufeinander kleben.

Tischwäsche mit Margeriten

Kleine Blüten-Imitate aus Filz
verzieren diese Leinendecke.
Aber auch als Serviettenring
oder gedrucktes Motiv machen
sie dem Frühstückstisch alle
Ehre.

■ **Material**

Leinentischdecke, naturfarben
Filz in Weiß
Knöpfe in Gelb
Nagelschere
Butterbrotpapier zum Abpausen
Bleistift

■ **Anleitung**

Die Motivvorlage mit dem
Butterbrotpapier abpausen und
ausschneiden. Auf den Filz legen
und mit Bleistift zart aufzeichnen. Motiv mit der Nagelschere
ausschneiden. Sie können den

Filz auch doppelt legen, um die Margerite gleich 2-mal auszuschneiden. Stellen Sie so viele Filzmargeriten her, wie Sie für Ihre Tischdecke benötigen. Hier sind die Blüten im Abstand von 18 cm aufgenäht. Blüten ringsum in gleichem Abstand auf den Rand stecken und mit einem Knopf festnähen.

Für die Schablonenmalerei brauchen Sie ein Stück Fotokarton, einen Cutter, Textilfarbe und einen Schablonierpinsel.

Auch als gedrucktes Motiv kommt diese Blüte gut raus. Dafür zuerst zwei Schablonen herstellen. Mit einem Cutter die Vorlage für Blüte und Stempel aus Karton schneiden. Schablone auf eine Serviettenecke legen und mit Textilfarbe austupfen. Nach dem Trocknen der Farbe den Blütenstempel aufschablonieren. Durch Bügeln die Malerei fixieren.

Für den Serviettenring 2 Lagen Filz mit Vliesofix (beidseitig klebendes Vlies) durch Bügeln verbinden oder einen dickeren Filz verwenden. Margerite aufzeichnen und ausschneiden. Mit einem Knopf am Serviettenring annähen.

Eierkranz

Ob als Tischschmuck oder einfach an die Tür gehängt, dieser Kranz aus Stroh mit aufgeklebten Eiern ist immer wieder eine willkommene Osterdekoration.

■ Material

Drahtkranz, ⌀ 20 cm oder Draht, 3–4 mm stark, 2 m lang
Blumendraht
Kneifzange
ausgeblasene Eier in Weiß und Braun
Wachteleier (gibt es als Dekoeier im Hobbybedarf)
Stroh
Heißklebepistole
Acrylfarbe in Dunkelbraun und Creme
Teller
alte Zahnbürste
Papierunterlage

■ Anleitung

Sie können einen fertigen Drahtkranz verwenden oder einen aus Draht selbst herstellen (siehe „Tischkranz aus Zweigen", S. 49). Kranz binden: Etwas Stroh auf den Drahtring legen und beides zusammen mit Blumendraht fest umwickeln. Das nächste Bündel Stroh dachziegelartig auf das vorige legen und ebenso festwickeln. Darauf achten, dass sich die Strohbündel rings um den Ring legen, sodass kein Draht mehr zu sehen ist. Fahren Sie so fort, bis der ganze Drahtring mit Stroh umwickelt ist. Am Ende das Stroh

Statt Kranz: Eine kleine Tischpyramide mit künstlichen Eiern ziert den Tisch. Styroporkegel braun oder lila, je nach Eifarbe, anmalen. Eier mit der Heißklebepistole aufkleben. Kleine Blüten auf papierumwickelten Blumendraht hier und da in die Pyramide stecken.

möglichst weit unter den Anfang stecken und festbinden. Eier besprenkeln: Legen Sie dazu alle Eier, die Sie verarbeiten wollen, auf eine Unterlage. Der Tisch sollte frei sein von anderen Gegenständen, da sie sonst mit Farbe bespritzt werden. Am besten eine Schürze oder einen Arbeitskittel tragen. Braun und Creme auf den Teller geben. Mit der Zahnbürste etwas Farbe aufnehmen und mit dem Daumen über die Borsten schaben, sodass die Farbe auf die Eier spritzt. Farbe trocknen lassen

und Eier drehen, um auch die andere Seite zu besprenkeln. Die zweite Farbe ebenso aufbringen. Zuletzt die Eier mit der Heißklebepistole auf den Strohkranz kleben. Dafür etwas Kleber herauspressen und sofort das Ei in den heißen Klebstoff drücken, da dieser sehr schnell erhärtet.

Tipp:
● Auch braune Eier, weiß gesprenkelt, sehen schön aus.

Mit Zahnbürste und Farbe verleihen Sie einfachen Hühnereiern das Aussehen von dekorativen Wachteleiern.

Osterkekse

Eine süße Dekoration für Ihren Osterstrauß – erst fürs Auge und dann für den Gaumen. Mit Lebensmittelfarbe können Sie die Kekse kunterbunt verzieren.

▦ Zutaten
Für den Teig:
170 g Weizenmehl (Type 405)
80 g blütenzarte Köllnflocken
100 g Magerquark
1 Ei
50 g Zucker
2 Päckchen Vanillezucker
1 Prise Jodsalz
2 gestrichene TL Backpulver
Schale einer unbehandelten Orange

Für die Verzierung:
1 Ei
1 EL Vollmilch
200 g Puderzucker
1 EL Wasser
verschiedene Speisefarben
bunte Zuckerstreusel oder Zuckerperlen

▦ Zubereitung
Zutaten für den Teig verkneten und auf einer bemehlten Arbeitsfläche dünn ausrollen. Figuren mit Ostermotiven, z.B. Ostereier, Hasen, Hennen, Schmetterlinge und Blumen, ausstechen. Diese auf ein mit Backpapier ausgelegtes Backblech legen. Mit einem Holzstäbchen (Schaschlikspieß) oberhalb der Motive kleine Löcher einstechen, um später ein Band zum Aufhängen durchziehen zu können. Backofen auf 200 °C (Ober/Unterhitze; 180 °C bei Umlufthitze) vorheizen. Ei in Eigelb und Eiweiß trennen. Eigelb und Milch verquirlen, Figuren damit bepinseln und auf mittlerer Einschubleiste 10–15 Minuten backen. Anschließend Gebäck vom Backblech ablösen und auskühlen lassen.

Für die Verzierung Puderzucker, Eiweiß und Wasser miteinander verrühren. Diesen Zuckerguss in kleine Portionen aufteilen und mit den verschiedenen Speisefarben einfärben. Den noch feuchten Zuckerguss mit bunten Zuckerperlen oder Zuckerstreuseln verzieren.

Das Rezept ergibt ca. 40 Kekse.

Nährwertangaben pro Stück:
1 g Eiweiß
10 g Kohlenhydrate
1 g Ballaststoffe
1 g Fett
53 kcal; 222 kJ

Prima Geschenkidee: ein paar bunte Kekse in einem mit Seidenpapier beklebten Osterei

Osterhasen

Ein selbst gebackenes Häschen im Osternest ist für Groß und Klein immer eine liebevolle Überraschung. Die Rezepte sind ganz einfach, da können auch die Kinder mitmachen!

Hasen im Korb
■ **Zutaten für 4 Figuren**
300 g Mehl
1 EL Backpulver
100 g Zucker
1 Prise Salz
180 g Margarine
4 Eier
1 Eiweiß
125 ml Milch
Margarine und gemahlene Mandeln für die Förmchen
200 g Puderzucker
gemahlene Pistazienkerne, Kokosflocken, Kokoschips oder Mandelblättchen zum Verzieren

■ **Zubereitung**
Mehl, Backpulver und Zucker in eine Rührschüssel geben. Margarine in Flöckchen schneiden und mit den Eiern dazugeben.

Mit dem Schneebesen eines Handrührgerätes zu einem glatten Teig verrühren. Milch dabei nach und nach zugeben. Backformen mit Ostermotiven (Hase, Lämmchen, Schmetterling) einfetten und mit den Mandeln ausstreuen. Den Teig einfüllen, glatt streichen und im vorgeheizten Backofen bei 180 °C (Gas Stufe 2) 15–20 Minuten backen. Um festzustellen, ob der Teig durch ist, mit einem kleinen Holzstäbchen in den Teig stechen. Wenn beim Herausziehen kein Teig mehr am Stäbchen klebt, ist er durchgebacken. Figuren aus den Förmchen nehmen und auf einem Kuchengitter ganz auskühlen lassen. Puderzucker mit Eiweiß zu einem dickflüssigen Guss verrühren. Die Tiere nach Belieben damit verzieren. Sofort mit Pistazienkernen, Kokosraspeln und -chips oder Mandelblättchen bestreuen.

Nährwertangaben pro Stück:
18 g Eiweiß
45 g Fett
132 g Kohlenhydrate
1037 kcal; 4343 kJ

Hasen mit Schokoglasur
■ **Zutaten für 6–8 Ausstechformen**
125 g Margarine
125 g Zucker
2 Eier
1 Päckchen Finesse Amaretto-Bittermandel-Aroma (Dr. Oetker)
250 g Mehl
2 TL Backpulver
100 ml Milch
dunkle Kuchenglasur zum Garnieren

■ **Zubereitung**
Margarine und Zucker cremig rühren, bis sich der Zucker aufgelöst hat. Eier dazugeben und schaumig rühren. Bittermandel-Aroma unterrühren. Mehl und Backpulver mischen und abwechselnd mit der Milch unterrühren. Backblech mit Backpapier auslegen und die gefetteten Ausstechformen darauf setzen. Die Förmchen halbvoll mit Teig füllen (damit sie beim Backen nicht überlaufen). Im vorgeheizten Backofen bei 175 °C (Gas Stufe 2) 25–30 Minuten backen.

Hefegebäck

Osterbrot

Der süße Klassiker auf dem
Ostertisch – ein Osterbrot aus
Hefeteig und Rosinen.
Mit diesem Rezept gelingt's
garantiert.

■ Zutaten für 2 Brote

600 g Mehl
40 g Hefe
$^1/_4$ l Milch
120 g Jogurtbutter
70 g Zucker
1 TL Salz
Schale einer unbehandelten
Zitrone
3 Eigelb
120 g Rosinen
1 Eigelb zum Bestreichen

■ Zubereitung

Milch leicht erwärmen. Das Mehl
in eine Schüssel sieben, in der
Mitte eine Vertiefung drücken
und die Hefe darin mit der lau-
warmen Milch auflösen. Den
Vorteig ca. 15 Minuten gehen
lassen, bis er sich auf das Doppelte vergrößert hat. Anschließend die Butter schmelzen,
Zucker, Salz, Zitrone und Eigelb
unterrühren und zu dem Vorteig
geben. Einen glatten Hefeteig
schlagen und an einem warmen
Ort zugedeckt 30–40 Minuten
gehen lassen. Die Rosinen hin-
einkneten, den Teig in 2 Portionen teilen und rund schlagen.
Nochmals 30 Minuten gehen
lassen. Den Teig teilen, auf das
Backblech legen und etwas flach
drücken. Mit Eigelb bestreichen
und bei 210 °C (Umluft 190 °C) 5
Minuten vorbacken und bei
180 °C (170 °C Umluft) 30 Minuten fertig backen.

Nährwertangaben pro Brot:
45 g Eiweiß
64 g Fett
30 g Kohlenhydrate
1950 kcal; 8159 kJ

Osterkränzchen

Dekorativ und lecker:
ein Nest aus Hefeteig für bunte
Ostereier

■ Zutaten für 4 Stück

450 g Weizenmehl
1 Päckchen Trockenbackhefe
74 g Zucker
1 Päckchen Vanillinzucker
1 Päckchen Finesse geriebene
Zitronenschale (Dr. Oetker)
150 g Crème fraîche
175 ml lauwarme Milch
75 g zerlassene, abgekühlte
Butter oder Margarine
1 Eigelb
1 EL Milch

■ Zubereitung

Mehl in eine Rührschüssel sieben und mit der Hefe sorgfältig vermischen. Die restlichen Zutaten hinzufügen und mit einem Handrührgerät (Knethaken) zuerst auf niedrigster Stufe, dann auf höchster Stufe in etwa 5 Minuten zu einem glatten Teig verarbeiten.
Teig abgedeckt an einem warmen Ort gehen lassen, bis er sich sichtbar vergrößert hat. Teig auf leicht bemehlter Arbeitsfläche nochmals kurz durchkneten, zu einer Rolle formen und in 12 gleich große Stücke teilen. Jedes Stück zu einer 30 cm langen Rolle formen. Jeweils 2 Rollen zu einem Kränzchen miteinander verdrehen und auf ein mit Backpapier belegtes Blech legen.
Eigelb und Milch verschlagen, die Kränzchen damit bestreichen und auf dem Backblech nochmals etwa 10 Minuten gehen lassen. Im vorgeheizten Backofen bei 180 °C (160 °C Umluft; Gas Stufe 3–4) 20 Minuten backen.

Ostereier für Genießer

Butter-Nougat-Trüffel

Eine besonders feine Osterüberraschung – selbst gemachte Trüffel im Osternest!

■ **Zutaten für 60 Trüffel**

250 g Jogurtbutter
250 g Nougat
4 cl Amaretto
300 g Vollmilchkuvertüre
500 g Kristallzucker

■ **Zubereitung**

Die Jogurtbutter in einer Schüssel schaumig schlagen. Den Nougat leicht anwärmen und in die Butter laufen lassen. Butter und Nougat weiter schaumig schlagen. Den Amaretto in die Masse geben und gut durchschlagen. Die Masse in einen Spritzbeutel füllen und mit einer Lochtüte in Form von kleinen Tupfen (∅ ca. 1 cm) auf Porzellanteller oder Schneidebretter aufspritzen. Diese anschließend ins Gefrierfach stellen. Die Vollmilchkuvertüre nach Packungsanweisung zubereiten. Die Tupfen nach einer Stunde wieder aus dem Gefrierfach nehmen, mit Vollmilchkuvertüre überziehen und in Kristallzucker wälzen. Die Zubereitungszeit beträgt ca. 1 Stunde.

Nährwertangaben pro Stück:
811 mg Eiweiß
4 g Fett
15 g Kohlenhydrate
102 kcal; 427 kJ

Pasteten-Eier

■ **Zutaten für 20 Stück**

100 g Margarine
75 g Zucker
$^1/_2$ Flasche Bittermandel-Aroma
1 Prise Salz
3 Eier
200 g Mehl
200 g gemahlene Haselnüsse
1 TL Backpulver
300 g Marzipanrohmasse
100 g weiße Kuvertüre
100 g Vollmilchkuvertüre
100 g Zartbitterkuvertüre
1 Beutel helle Kuchenglasur
Biskin zum Ausbacken

■ **Zubereitung**

Margarine, Zucker, Bittermandel-Aroma und Salz verrühren. Eier nacheinander unterrühren. Mehl, Haselnüsse und Backpulver mischen und unter den Teig rühren. Fett auf 180 °C erhitzen. Inzwischen aus der Marzipanrohmasse 20 kleine Kugeln formen. Nacheinander aus dem Teig mit bemehlten Händen kleine Eier formen, dabei in die Mitte jeweils eine Marzipankugel geben.

Teigeier mit einem Esslöffel in das heiße Fett geben und beidseitig 5 Minuten darin ausbacken. Auf Küchenpapier legen und abtropfen lassen. Kuvertüren und Kuchenglasur getrennt nach Packungsanweisung auflösen. Die abgekühlten Eier damit überziehen und nach Belieben verzieren.

Schäferkuchen

Nach all den vielen Naschereien zu Ostern braucht man auch mal etwas Herzhaftes. Da ist dieser österliche Schäferkuchen gerade richtig.

■ Zutaten
Teig:
250 g Mehl
125 g Margarine (Sanella)
$^1/_2$ TL Salz

Füllung:
6 Weinblätter (in Salzlake eingelegt)
500 g frischer Spinat oder 450 g Tiefkühlspinat
Salz
frisch gemahlener Pfeffer und Muskatnuss
1–2 Knoblauchzehen
4 Eier
200 g Schlagsahne
100 g Crème fraîche
75 g milder Feta-Schafskäse
2 EL Pinienkerne

■ Zubereitung
Mehl, Margarine, Salz und 4 Esslöffel kaltes Wasser zu einem glatten Teig verarbeiten, in Folie wickeln und 30 Minuten ruhen lassen. Für die Füllung Weinblätter abspülen und trockentupfen. Frischen Spinat putzen, waschen und abtropfen lassen.

In einem Topf bei großer Hitze zusammenfallen lassen, dann auf ein Sieb geben, gründlich abtropfen lassen, anschließend gut ausdrücken. Tiefkühlspinat auftauen und auf einem Sieb abtropfen lassen, anschließend gut ausdrücken. Mit Salz, Pfeffer und Muskatnuss würzen. Knoblauch abziehen und fein hacken. Eier, Sahne, Crème fraîche und Knoblauch verrühren. Mit Salz und Pfeffer würzen. Den Teig auf leicht bemehlter Arbeitsfläche etwas größer als die Form ausrollen (⌀ 30 cm) und in die eingefettete Form legen, dabei den Teigrand etwas überlappen lassen. Die Weinblätter auf dem Teigboden verteilen, dann den Spinat darauf geben. Die Eiersahne darüber gießen, zerbröckelten Schafskäse und Pinienkerne darüber streuen. Den Kuchen im vorgeheizten Backofen bei 200 °C (Umluft 175 °C, Gas Stufe 3) ca. 50 Minuten backen.

Das Rezept ergibt 12 Kuchenstücke. Die Vorbereitungszeit beträgt etwa 30 Minuten.

Nährwertangaben pro Stück:
6,5 g Eiweiß
18,7 g Fett
16 g Kohlenhydrate
257 kcal; 1075 kJ

Bezugsquellen
Folgenden Firmen danken wir für ihre
freundliche Unterstützung bei diesem
Buch:

Johanna Daimer (Filze)
Filze aller Art
Dienerstr: im Rathaus
80336 München
Tel. 089/776984

IHR (Servietten, Geschenkpapiere)
Ideal Home Range
Höger Damm 4
49632 Essen/Oldenburg
www.idealhomerange.com

Ikea (Möbel, Accessoires)
Am Wandersmann 2–4
65719 Hofheim-Wallau
www.IKEA.de

Fritz Jeromin Versandhandel (Stoffe
aus Naturfasern zum Bemalen,
S. 66–67)
PF: 101706
68017 Mannheim

Knorr Hobby GmbH (Bastelmaterial)
Bamberger Str. 21
96215 Lichtenfels
www.creative-hobbies.de

Marianne Hobby by C. Kreul (Bastelmaterial)
Carl-Kreul-Str. 2
91352 Hallerndorf
www.c-kreul.de

Rayher Hobby GmbH (Bastelmaterial)
PF: 1462
88464 Laupheim
www.rayher-hobby.de

Sia Deutschland GmbH (Accessoires,
Kunstblumen, S.7)
Collection Intérieur
Gottbillstr. 33a
54294 Trier-Zewen
www.sia-collection.com

UHU Vertrieb GmbH (Klebstoffe)
77813 Bühl (Baden)
www.uhu.de

Westfalenstoffe AG (Patchworkstoffe,
S. 44, 56–61)
Albrecht-Thaer-Str. 2
48147 Münster
www.westfalenstoffe.de

Tiffany Glas Kunst (farbiges Glas, S. 20)
Hellfortstr. 18
33758 Schloss Holte-Stutenbrock
www.tgk.de

Bildnachweis: Von Peter Kölln KGaA, Köllnflockenwerke: S. 70 Osterkekse; von Sanella, Unilever Bestfoods Deutschland
GmbH: S. 72 und 73 Osterhasen, S. 77 Pasteten-Eier, S. 78 Schäferkuchen; von Meggle: S. 74 Osterbrot, S. 76 Butter-
Nougat-Trüffel; von Dr. Oetker: S. 75 Osterkränzchen

Bibliografische Information Der Deutschen Bibliothek
Die Deutsche Bibliothek verzeichnet diese Publikation in der Deutschen Nationalbibliografie; detaillierte bibliogra-
fische Daten sind im Internet über http://dnb.ddb.de abrufbar.
ISBN 3-332-01428-5

www.dornier-verlage.de
www.urania-verlag.de
1. Auflage September 2003
© 2003 Urania Verlag, Berlin
Der Urania Verlag ist ein Unternehmen der Verlagsgruppe Dornier.
Alle Rechte vorbehalten.

Umschlaggestaltung: P. Agentur für Markengestaltung, Hamburg
Fotos: Christoph Düpper; S. 30, 33 von Uta Donath
Vorwort: Jürgen Kempe
Modelle und Fotostyling: Uta Donath und Karin Roser; Modell S. 42-43: Isolde Finhold
Lektorat: Eva Hauck und Regina Sidabras
Satz: tiff.any GmbH, Berlin
Printed in Germany

Gedruckt auf alterungsbeständigem Papier mit chlorfrei gebleichtem Zellstoff.
Die Schreibweise entspricht den Regeln der neuen Rechtschreibung.

2009